上海市公共管理一流学科项目资助
上海市Ⅰ类高原学科公共管理学科资助

国家治理现代化

Series on the
Modernization of the
State Governance

理念、制度与实践

主编：陈明明 任 勇

中央编译出版社
Central Compilation & Translation Press

目 录

援助义务抑或全球分配正义原则？
——评约翰·罗尔斯对全球分配正义原则的拒斥
　　高景柱 ………………………………………… 1

元治理理论视野中的中国现代国家建构
　　余金刚 ………………………………………… 33

财政社会学传播与民国财政民主思想的兴起
　　任晓兰 ………………………………………… 46

"中央一号文件"与农村基层治理政策调整
　　陈少艺 ………………………………………… 60

现代网络动员与传统面对面动员的效能比较分析
——一项基于全球变暖问题的实证研究
　　马克·胡奇 等著　张艳敏、王锐兰 译 ……… 76

如何使监督运转起来
——论行政权力与媒体监督
　　陈剑岚 ………………………………………… 112

共同价值建设与国家认同
——基于三个国家的比较研究
　　胡淑佳 ………………………………………… 133

地方政府回应集体性抗争行动的影响因素
　　——一项基于三个案例的比较研究
　　潘晨喻 ………………………………………… 154
大学生社团参与对政治参与影响的实证研究
　　刘彩云 ………………………………………… 172
城市治理视野中的大联勤制度研究
　　——以上海嘉定区为例
　　张　宇 ………………………………………… 195
治理理论视阈下推进我国高校治理现代化的途径
　　吴　思 ………………………………………… 225

援助义务抑或全球分配正义原则?
——评约翰·罗尔斯对全球分配正义原则的拒斥

高景柱*

【摘　要】 在全球分配正义理论中,约翰·罗尔斯的契约主义方法是一种重要的分析路径,但是罗尔斯并不主张直接在全球层面上使用其契约主义方法,并试图以援助义务替代全球分配正义原则。以查尔斯·贝兹等人为代表的世界主义者和以塞缪尔·弗里曼等人为代表的罗尔斯的辩护者围绕罗尔斯对全球分配正义原则的摒弃产生了激烈的纷争,纷争的核心在于是否存在全球基本结构。事实上,罗尔斯对全球分配正义原则的拒斥是难以接受的,其援助义务并不足以替代全球分配正义原则。

【关键词】 全球分配正义原则　援助义务　世界主义　约翰·罗尔斯

不平等和贫困的问题不仅是一个国家内部存在的问题,也是一个全球性问题。近年来,随着全球层面上的不平等和贫困问题日益加剧,全球不平等和贫困问题也逐渐引起学术界的重视,众多

---

* 高景柱(1980—),男,安徽涡阳人,政治学博士,天津师范大学政治与行政学院副教授,主要从事西方政治思想史和当代西方政治哲学研究。

基金项目:国家社会科学基金青年项目"当代西方政治哲学中的全球正义理论跟踪研究"(项目编号:14CZZ004)。

学者从不同的视角出发探讨如何解决全球不平等和贫困问题，并对全球分配正义理论各抒己见。其中一个重要的研究进路是约翰·罗尔斯（John Rawls）在1971年出版的《正义论》中的契约主义分析方法，这种研究进路试图将罗尔斯针对国内问题提出的正义原则应用于全球层面，从而得出一种全球分配正义原则，但是罗尔斯对全球分配正义原则持一种否定的态度。虽然罗尔斯在《正义论》中并未提及用于处理全球贫困和不平等问题的原则，但是仍然有许多学者主张把罗尔斯的分配正义理论用于全球层面上，例如查尔斯·贝兹（Charles R. Beitz）和涛慕思·博格（Thomas Pogge）等世界主义者就在这方面做了重要的探索。

贝兹在1975年便提出将罗尔斯的契约主义方法用于处理全球分配正义问题，并在1979年出版的《政治理论与国际关系》中进一步提出了"全球差别原则"和"资源再分配原则"等更加具体的主张。博格随后在1988年和1989年阐述了如何依照罗尔斯的契约主义方法推导出全球分配正义原则。[①] 为了进一步探讨国际正义问题，罗尔斯在1993年发表的《万民法》一文中回应了部分学者试图依照其契约主义方法推导出全球分配正义原则的尝试。罗尔斯提出的用于处理国家之间关系的"万民法"的七条原则并未涉及分配正义问题，只是提及了人民之间的互相援助的问题："人民之间也应有互助援助的条款，以便可以共同应对饥荒和干旱；而且如果可行的话，也应该包括一些条款去确保所有已获得合理发展的自由社会里人们

---

① 贝兹和博格的观点分别参见 Charles R. Beitz, "Justice and International Relations", *Philosophy and Public Affairs*, Vol. 4, No. 4, 1975, pp. 360 – 389. Charles R. Beitz, *Political Theory and International Relations*, Princeton University Press, 1979. Charles R. Beitz, "Rawls's Law of Peoples", *Ethics*, Vol. 110, No. 4, 2000, pp. 669 – 696. Thomas Pogge, "Rawls and Global Justice", *Canadian Journal of Philosophy*, Vol. 18, 1988, pp. 227 – 256. Thomas Pogge, *Realizing Rawls*, Cornell University Press, 1989.

的基本需求得到满足。这些条款将会界定在特定情形下的援助义务，且根据情形的严重程度这些条款的严格性也会改变。"① 罗尔斯的这种回应，显然不能令其批评者满意，比如博格随后对罗尔斯的国际正义理论进行了批判。② 罗尔斯后来又进一步深化了对国际正义理论的思考，在1999年出版的《万民法》一书中提出了"万民法"的八条原则，其中第八条规定："人民对那些生活在不利状况下、因此无法拥有一个正义或正派的政治和社会制度的其他人民负有一种援助的责任。"该原则可以被简称为"援助义务"，是罗尔斯对国际分配正义思考的最主要体现，也是罗尔斯与其批评者长期交锋的结果。即使如此，罗尔斯并不认同全球分配正义原则，反对贝兹和博格等世界主义者试图依照其契约主义方法推导出全球分配正义原则的尝试，这也令很多世界主义者感到失望。本文关注的主要问题是罗尔斯对全球分配正义的拒斥是可以接受的吗？本文将首先简要梳理罗尔斯的援助义务的基本理念以及罗尔斯为何拒斥全球分配正义，然后探讨以贝兹和博格等人为代表的世界主义者和以塞缪尔·弗里曼（Samuel Freeman）和约瑟夫·希斯（Joseph Heath）等人为代表的罗尔斯的辩护者围绕罗尔斯对全球分配正义的拒斥是否合理所产生的纷争，最后分析罗尔斯对全球分配正义原则的摒弃能否获得辩护。

---

① ［美］约翰·罗尔斯：《万民法》，陈肖生译，吉林出版集团2013年版，第18页。
② Thomas Pogge, "An Egalitarian Law of Peoples", *Philosophy and Public Affairs*, Vol. 23, No. 3, 1994, pp. 195–224.

一、罗尔斯以援助义务替代全球分配正义

在罗尔斯的国际正义理论中，罗尔斯区分了五种不同类型的社会："合乎情理的自由人民"（reasonable liberal peoples）、"正派的人民"（decent peoples）、"法外国家"（outlaw states）、"因不利状况而负担沉重的社会"（societies burdened by unfavorable conditions）以及"仁慈的专制主义社会"（benevolent absolutisms），前两种人民都属于组织有序的人民，都尊重人权，并认同内容相同的"万民法"，只不过正派的等级制人民是非自由的人民。法外国家并不尊重"万民法"，组织有序的人民谴责法外国家，甚至通过采取制裁或军事干预的方式使其改变行事方式，以遵守"万民法"。因不利状况而负担沉重的社会"不具有扩张性和侵略性，但缺乏一个组织有序社会所必需的政治和文化传统、人力资本、专门技能以及通常是必要的物质和技术资源"①。组织有序的人民应该如何对待负担沉重的社会呢？应该采取什么方式解决负担沉重的社会所处的不利状况呢？罗尔斯认为组织有序的人民对负担沉重的社会负有一种"援助义务"，要把负担沉重的社会变成组织有序的人民的一员，正如要把法外国家变成组织有序的人民的一员一样："援助的目的是帮助负担沉重的社会，使得它们有能力合乎情理地和理性地处理其自身事务，并且最终变成组织有序人民所组成的那个社会中的一员。这就界定了援助的'目标'。在这一目标达成之后，就不再要求进一步的援助，即使这个现在变得组织有序了的社会依然贫困。"②援助义务侧重于满足负担沉重社会的人民的基本需要，比如要为其运用权利、自由权及

---

① ［美］约翰·罗尔斯：《万民法》，陈肖生译，吉林出版集团2013年版，第148页。
② ［美］约翰·罗尔斯：《万民法》，陈肖生译，吉林出版集团2013年版，第153页。

其社会中的机会所必需的东西，这些东西包括经济手段以及制度性的权利和自由。可见，将负担沉重的社会变成组织有序人民的一员，能够理性地处理自身的事务，实现自主治理，这既是援助义务的目标，也是援助义务的终止点。与其国内正义理论的目标相比，罗尔斯的援助义务的目标要有限得多。鉴于罗尔斯的国内正义理论是当代分配正义理论的代表性理论之一，人们很容易设想以分配正义原则来处理负担沉重社会所面临的不利状况，易言之，人们很容易设想存在一种全球分配正义原则。

然而，罗尔斯既不认可以全球分配正义原则来处理负担沉重的社会所面临的不利状况，也不认可全球分配正义原则是存在的。罗尔斯拒斥全球分配正义原则，主要是基于以下四个方面的考虑：

其一，罗尔斯认为一国贫困的主要根源关键在于其国内因素，即罗尔斯持有一种"纯粹国内因素致贫论"。罗尔斯认为，"一个人民富裕的原因及其采取的形式，深深植根于其政治文化、支持他们的政治和社会制度的基本结构的宗教、哲学和道德传统，还有该社会成员的勤勉及合作，所有这些都由他们的政治德行支撑着。"在罗尔斯那里，自然资源的丰裕程度对一国的发展来说并不是至关重要的，因为在世界上还没有国家因自然资源稀缺到无法成为组织有序的社会的一员，诸如日本这样的自然资源稀缺的国家也可能成为组织有序的社会的一员，而诸如阿根廷这样的自然资源丰富的国家在成为组织有序的社会的一员的过程中就面临着很大的困难，"造成这些差异的重要因素就是政治文化、政治德行、该国的公民社会、该社会成员的正直勤劳和他们的创新能力等方面。同样重要的是该国的人口政策，它必须小心谨慎，不能让人口规模超过该国的土地和经济的承受力。"① 法外国家之所以会犯下严重的错误，其错误的根源正在于其政治传统、法律制度、财产制度、阶级结构、宗教信念、道德信念及其深层次的文化。在所有这些影响一国发展的国内因素中，罗尔斯最为重视的是政治文化（比如负担沉重的社会的政治文化是一种扭曲的、腐败的政治文化），并着力论述了如何改变一国的政治文化。在罗尔斯那里，并不存在什么简单的方法可以帮助一个负担沉重的社会改变其政治和社会文化。人们通常建议要么通过给予金钱的方式，使负担沉重的社会自愿改变其政治和社会文化；要么通过武力的方式，强迫负担沉重的社会改变其政治和社会文化。然而，依罗尔斯之见，前一种方式是不可欲的，后一种方式是有违"万民法"的。罗尔斯只是简单地提到了在提供援助的时候，可以增加一些附加条件，比如不应该侵害妇女的人权，② 这样既能为负担沉重的社会提供援助，又不会损害那些受援助的负担沉重社会的宗教和文化。

其二，罗尔斯认为其差别原则是一种政治原则，并不适合处理国家之间的贫困和不平等问题。针对贝兹和博格等人所建议的用其差别原则和其他自由主义的分配正义原则处理负担沉重社会所面临的不利状况，并调控国家之间出现的经济不平等这一建议，罗尔斯回应道，差别原则是针对民主社会内部的问题而提出的分配正义原则，将差别原则用于处理民主社会内部的正义问题是合乎情理的，但是将其用于处理社会之间的不平等和贫困的状况，并不是可行的。其中的原因在于，在万民社会里，存在着各种各样的差异较大的社会，我们并不能奢望所有社会都接受自由主义

---

① ［美］约翰·罗尔斯：《万民法》，陈肖生译，吉林出版集团2013年版，第150页。

② ［美］约翰·罗尔斯：《万民法》，陈肖生译，吉林出版集团2013年版，第152页。

的分配正义原则，比如正派的等级制人民就不会接受自由主义的分配正义原则，即使各个自由社会之间也存在较大的差异，它们也不可能接受同样内容的自由主义的分配正义原则，"在一种建构主义的观念中，没有理由认为适用于域内正义的原则，同样也适合用去规制诸人民组成的社会中的不平等。……每一主题——无论是制度还是个体，是一个政治社会还是由各政治社会所组成的社会——都各由因应其自身而制定的原则来规范。这些原则是什么，必须由一套恰当的程序从一个正确的起点出发来制定。"[1] 可见，并不存在一种能够处理所有社会内部问题的正义原则，正义原则随着社会制度的变化而变化。同时，"作为公平的正义主张一种政治的正义观念，而非一种一般的正义观念：它首先应用于基本结构，并且认为局部正义（local justice）的问题和全球正义的问题（我称为'万民法'的东西）需要按照它们各自的特性分别加以考虑。"[2] 虽然如此，这并不意味着组织有序的人民对负担沉重的社会不负有任何义务和责任，在罗尔斯那里，这种义务是一种援助义务，所有自由主义的分配正义原则——比如差别原则——并不适合处理负担沉重的社会所面临的不利状况。

其三，全球分配正义原则没有目标和终止点，这是令人难以接受的，正如罗尔斯所言："组织有序人民具有一种**责任**（duty）去为负担沉重的社会提供帮助。但这并不能得出，承担这种援助义务的唯一或最好方式就是遵循一种分配正义的原则，并用它来规制各社会间出现的经济和社会不平等。大多数这样的分配正义原则都没有一个明确的目标、目的或终止点（cut-off point），超过它该援助就可

---

[1] [美] 约翰·罗尔斯：《万民法》，陈肖生译，吉林出版集团2013年版，第138页。

[2] [美] 约翰·罗尔斯：《作为公平的正义——正义新论》，姚大志译，上海三联书店2002年版，第19页。

以停止了。"① 对罗尔斯来说，援助义务的目标并不是增加负担沉重社会的财富和福祉水平，因为并非所有负担沉重的社会都是贫穷的，正如并非所有组织有序的人民都拥有较多的财富一样。大量的财富并不是建立一种正义的或正派的制度的必要条件，建立一种正义的或正派的制度到底需要多少财富，取决于该社会的特殊历史及正义观，只要该社会的政治传统、法律、财产、阶级结构以及深层次的道德、宗教和文化能够支撑该社会成为自由的或正派的社会，即使该社会的自然资源和财富都比较少，这也并不会妨碍该社会成为组织有序的社会中的一员。可见，罗尔斯对一国贫困所持的"国内因素致贫论"深深地影响了罗尔斯对全球分配正义原则的看法。罗尔斯在论述援助义务的过程中还提到了《正义论》中曾提到的"正义的储存原则"，即一种正义的储存原则的目的在于为一个自由的宪政民主社会或任何组织有序的社会建立一种从合乎情理意义上讲是正义的基本制度……相应地，正义的或正派的基本制度一旦建立，那么存储也就停止了，这也"带出了在'万民法'中援助义务与域内情形中正义储存责任的相似性。在两种情形中，目的都是实现和保存正义（或正派）的制度，而不是简单地提升（更不用说无限地最大化）财富的平均水平，或任何社会、任何阶级的财富"②。对罗尔斯来说，援助义务与正义的储存原则所表达的深层理念是相同的，罗尔斯也在此强调了对一个国家来说，制度而非财富的重要性。

其四，全球分配正义原则会损害人民的政治自主，没有尊重人民的选择。罗尔斯认为贝兹和博格等人的全球分配正义原则（比如全球差别原则）是没有终止点的，会进行毫无目的的援助，虽然罗

---

① ［美］约翰·罗尔斯：《万民法》，陈肖生译，吉林出版集团 2013 年版，第 148 页。
② ［美］约翰·罗尔斯：《万民法》，陈肖生译，吉林出版集团 2013 年版，第 149 页。

尔斯承认他接受贝兹和博格等人所说的保障人权和满足基本需要这些目标，但是罗尔斯认为其援助义务能够涵盖这些目标。为了更进一步地批判贝兹和博格等人的全球分配正义原则，罗尔斯设想了两个思想试验，在第一个思想试验中，罗尔斯设想存在两个具有相同财富水平和相同人口规模的自由的或正派的国家 S1 和 S2，在其中人民是自由而负责的，能够做出自己的决定。S1 决定实行工业化并提高自身的实际存储率，但是 S2 并没有这样做，而是安于现状，偏爱田园式的悠闲生活。几十年过去了，S1 的财富数量是 S2 的财富数量的两倍。那么，应当对 S1 进行征税，以便为 S2 提供资金吗？罗尔斯认为，"根据援助义务，根本不需要征税，并且这看起来是正当的；然而按照漫无目标的全球性平等主义原则，只要一群体人民的财富比其他群体人民少，便要源源不断地征税。"对罗尔斯来说，此时全球分配正义原则所进行的财富分配是难以令人接受的。第二个思想试验与第一个思想试验较为相似，只是罗尔斯此时假设 S1 和 S2 的人口增长率都非常高，S1 强调了为妇女提供平等正义的要素，致使该国的妇女在政治和经济世界中较为活跃，人口增长率逐渐下降到零，国家的财富水平逐渐提高。S2 的妇女接受了该国主导性的宗教和社会价值，人口增长率仍然维持在一个较高的水平上。几十年之后，S1 的财富数量是 S2 的财富数量的两倍。依罗尔斯之见，"援助的责任并不要求对第一个国家即现在更富裕的国家征税，而那个漫无目标的全球性平等主义原则恰恰有这样的要求。再次，我们看到后者的立场是不可接受的"[①]。对罗尔斯来说，全球分配正义一定会对 S1 进行征税以便为 S2 提供资金，这恰恰没有使 S2 为自身的决定和行为承担任何责任，既然 S2 决定采取不进行工业化或者不对人

---

① ［美］约翰·罗尔斯：《万民法》，陈肖生译，吉林出版集团2013年版，第159—160页。

口进行控制这样的决策，致使自己的财富较少，那么S2就应该对自己的行为承担责任。

罗尔斯通过询问"全球分配正义是否具有目标和终止点"来比较援助义务与全球分配正义。罗尔斯认为，援助义务既有目标，也有终止点，全球分配正义原则恰恰缺乏目标和终止点，援助义务的目标在于通过帮助世界上的穷人，直到他们要么成为一个合乎情理的自由社会中的一员，要么成为一个正派的等级制社会中的一员，援助义务的终止点在于只要援助义务的目标达成了，就不需要进一步的援助了，可见，援助义务的目标和终止点是合二为一的。罗尔斯不但比较了援助义务与全球分配正义，而且还比较了援助义务与世界主义，"一种世界主义观点的终极关怀，是个体的福祉，而不是社会的正义"。罗尔斯又设想了一个思想试验来进一步对比援助义务与世界主义，譬如有两个社会A和B都满足罗尔斯的国内正义理论，A的处境最差者的处境要比B的处境最差者的处境还糟糕，假如A和B在继续满足罗尔斯的国内正义理论的情况下，可以通过某种全球再分配原则以改善A的处境最差者的地位。那么，这种全球再分配方案和原来的再分配方案，哪一个更好呢？罗尔斯认为："万民法在这两种分配方案中保持中立，而世界主义的观点并非如此。因为世界正义关注的是个体的福利，并因此关注全球范围内的处境最不利者的福祉是否得到了改善。对万民法而言，重要的是自由和正派社会的正义和基于正当理由的稳定性，以及它们作为一个由诸组织有序的人民所组成社会的成员而存在于世界中。"[1] 可见，罗尔斯的援助义务与全球分配正义和世界主义相比，是较为保守的。

---

[1] [美]约翰·罗尔斯：《万民法》，陈肖生译，吉林出版集团2013年版，第161页。

二、从国内正义到全球分配正义：世界主义者的拓展

虽然罗尔斯在回应贝兹和博格等世界主义者的批判的过程中，将"援助义务"正式列入"万民法"之列，但是罗尔斯认为并不存在全球分配正义原则。对贝兹和博格等世界主义者来说，罗尔斯对全球分配正义原则的拒斥是难以令人接受的，罗尔斯的援助义务并不足以解决全球非正义问题。贝兹和博格等世界主义者按照罗尔斯的契约主义方法，将罗尔斯的国内正义理论适用于全球层面，并认为基于下述考量全球分配正义原则是存在的：

第一，在全球层面上，全球合作体系和全球基本结构是存在的。众所周知，罗尔斯认为正义的主要问题是由政治结构和主要的经济和社会安排等所构成的社会的基本结构，或者说是由社会主要制度分配基本权利和义务，决定由社会合作所带来的利益的划分方式。① 可见，对罗尔斯来说，正是由于社会基本结构的分配效果，它才成为正义的主题，同时社会合作系统是非常重要的，社会基本结构决定了由社会合作所带来的利益与负担的公平分配。贝兹为了证成其所谓的全球差别原则这一全球分配正义原则的存在，采取了类比论证的方式。贝兹认为国际投资和贸易增长的速度非常快，剩余资本会寻求能够带来大量利润的地区，比如大量美国公司已经将其很多资本投向劳动力成本较为低廉或者市场前景比较好的地区。由于贸易的关税以及非关税壁垒的长期衰落、通讯技术的发展，世界市场已经形成，全球相互依赖模式的存在，产生了大量的聚集利益，同时，全球相互依赖模式也造成了穷国和富国之间的差距日益增大，易言之，全球合作体系是存在的。如果全球经济和政治上的相互依

---

① ［美］约翰·罗尔斯：《正义论》，何怀宏等译，中国社会科学出版社1988年版，第7页。

赖表明存在一个全球合作系统,那么我们既不能像罗尔斯那样仅仅将社会正义原则局限在国内社会,也不能认为国家边界具有根本的道德重要性:"国家对复杂的国际经济、政治和文化关系的参与表明存在一个全球社会合作系统。正如康德指出的那样,国际经济合作为国际道德创造了新的基础。如果社会合作是分配正义的基础,那么人们可能认为国际经济的相互依赖为全球分配正义原则提供了支持,这与适用于国内社会的支持相类似。"① 对贝兹来说,鉴于全球合作体系与罗尔斯所说的社会合作系统之间的相似性,依照罗尔斯的推理方式,在罗尔斯所设定的国际原初状态中,国际原初状态中的代表在无知之幕的遮蔽下,没有理由拒斥全球分配正义原则。如果差别原则在国内原初状态中被选择,那么在国际原初状态中,代表们也没有理由拒斥差别原则,即国际原初状态中的代表会选择全球差别原则,会关注全球处境最差者所面临的不利状况。

在艾伦·布坎南(Allen Buchanan)看来,如果全球基本结构——那些对世界上的人民之间和个人之间的利益和负担的分配带来深刻和持续影响的经济和政治制度——存在的话,那么它一定成为正义的一个非常重要的主题。如果全球基本结构存在的话,那么正义原则一定是必需的,正如国内的基本结构的存在需要一种正义原则一样。布坎南认为全球基本结构是存在的,全球基本结构的构成要素多种多样,比如地区性的和国际性的经济协议、国际金融体制、全球私有财产保护体系以及国际性的和地区性的法律制度,等等。② 对布坎南来说,鉴于全球基本结构的存在,已经有很多文献描述了全球基本结构的分配效果,与国内的基本结构一样,全球基本结构不

---

① [美]查尔斯·贝兹:《政治理论与国际关系》,丛占修译,上海译文出版社2012年版,第131页。

② Allen Buchanan,"Rawls's Law of Peoples:Rules for a Vanished Westphalian World",*Ethics*,Vol. 110,No. 4,2000,pp. 705 – 706.

仅在某种程度上决定了个人的生活前景，而且也在某种程度上决定了罗尔斯意义上的人民的生活前景，罗尔斯对全球基本结构的漠视就是难以获得证成的，罗尔斯对全球分配正义原则的拒斥就是难以获得辩护的。

第二，自然资源的分布状况会影响国家的发展程度，拥有不同国籍的人往往会拥有不同的社会地位和福利状况，然而，自然资源的分配状况以及一个人所属的国籍都是道德上的任意因素，在罗尔斯所设定的国际原初状态中，自由人民和正派人民的代表应该关注其所代表的人民所拥有的资源水平。罗尔斯的差别原则试图缓和自然偶然因素和社会偶然因素对分配的影响，比如罗尔斯认为我们要"把自然才能的分配看作一种共同的资产，并共同分享无论它带来的利益是什么。那些先天处于有利地位的人，无论他们是谁，只有在改善那些处境不利者状况的条件下，他们才能从他们的好运气中获得利益。先天处于有利地位的人不能仅仅因为他们的天赋较高而获利，而只能通过抵消训练和教育费用和用他们的禀赋帮助较不利者而获利。没有人应得其较高的自然能力，也没有人应得社会中较为有利的起点"①。贝兹认为根据罗尔斯的推理逻辑，国际原初状态中的各方也会认为自然资源的分布是道德上任意的，他们大概知道地球上的资源分布是不均匀的，有些地区的自然资源（比如煤炭、石油和天然气等）非常丰富，处于这些地区之上的国家就可以利用这些丰富的自然资源走向繁荣，有些地区的自然资源非常稀缺，处于这些地区之上的国家就有可能处于贫困的状态。那些因为好运气而处于资源丰富之上的国家，并未能够说明为什么它就应得这些资源，为什么它可以排除其他国家从中获得好处，因此，应该实行资源的

---

① John Rawls, *A Theory of Justice*, The Belknap Press of Harvard University Press, 1971, pp. 101–102.

再分配原则。虽然这种观点会面临着一些针对罗尔斯的自然才能的分布是道德上的任意因素这一观点的类似的反驳意见,但是这些反驳意见并不能为资源的再分配原则带来困难,而且"资源的自然分布所具有的'从一种道德的观点来看的任意性',比起才能的分布来说,是更为纯粹的。一个人不但不能够说他应得其脚下的资源,而且他可能对才能所持有的那种初始性主张的其他理由,对于资源的分布情况来说,也是不适用的"①。既然国际原初状态中的各方知道自然资源的分布是不均衡的,足够的自然资源是国家发展的先决条件,那么"在无人对碰巧位于其足下的资源拥有一种天然的显见要求权的意义上,各方会认为资源的自然分配是任意的。在面对其他人的竞争性要求权和后代人的需要时,一些人对稀缺资源的占有需要一个正当理由。在不知道他们各自社会的天赋资源的情况下,各方会对这样一条资源再分配原则达成一致协议,这就是该原则会给每一个社会提供发展公正政治制度的公平机会和能够满足其成员基本需求的经济体系"②。在贝兹那里,资源的再分配原则可以解决资源的分布不均匀问题,如果资源贫乏的国家缺乏一些保障,那么这些国家可能诉诸战争来获得建立国内正义制度所必需的资源,这样的战争也很难说是不公正的。

正如罗尔斯的国际正义理论没有处理自然资源的分布不均这一自然偶然因素一样,罗尔斯的国际正义理论也没有处理国籍等社会偶然因素的影响,博格认为国籍因素也不应该影响人们命运的优劣,但是事实情况是,拥有不同国籍的人的命运之间的差异是巨大的。博格认为一个人出生在美国的哪个州无关紧要,然而,"出生于墨西

---

① Charles R. Beitz, "Justice and International Relations", *Philosophy and Public Affairs*, Vol. 4, No. 4, 1975, p. 369.

② [美]查尔斯·贝兹:《政治理论与国际关系》,丛占修译,上海译文出版社2012年版,第128—129页。

哥,还是出生于美国却非常重要。我们确实有必要向墨西哥人去说明,为什么我们仅仅因为出生于国界的这一边就有资格享有优越于他们的生活前景。实际上,出生于国界哪一边所导致的差别,与性别、肤色或父母的财富差别一样,都具有道德上的任意性。"① 在博格那里,罗尔斯的国际正义理论缺乏平等主义的义涵,他试图为某种平等主义的国际正义理论进行辩护。博格并没有采取贝兹的类比论证方式,而是直接将罗尔斯的契约主义方法运用于全球层面。博格设想了三种将罗尔斯的契约主义方法运用于全球层面的方式,前两种论证方式都首先假设将罗尔斯的契约主义方法运用于国内原初状态,然后将契约主义的方法运用于国际原初状态。第一种方式假设国际原初状态中的各方被视为"个人"的代表,全球范围内的最不利者就是基本权利和自由最得不到保障的那些人;第二种方式将国际原初状态中的各方视为"国家"的代表,全球范围内的最不利的社会就是其基本权利和自由最得不到保障的社会。博格认为这两种方式都是有缺陷的,并提出了他自己青睐的第三种方式,这种方式"反对各方在国家层面上召开一次会议后再在国际层面上召开另一次会议,而设想的是一个单一的全球的原初状态。这种修正诉求……没有影响罗尔斯为两个正义原则进行的论证。区别只是:这种修正使这种论证指向的是作为'封闭体系'的全球社会"②。可见,博格并不像罗尔斯那样两次运用原初状态这一设置,而是认为存在一种全球原初状态,全球社会像罗尔斯设想的国内社会一样,也是一个封闭的体系,也存在一种主导全球社会的分配正义原则。

---

① Thomas W. Pogge,"An Egalitarian Law of Peoples", Philosophy and Public Affairs, Vol. 23, No.3, 1994, p.198.

② [美] 涛慕思·博格:《康德、罗尔斯与全球正义》,刘莘、徐向东等译,上海译文出版社 2010 年版,第 164 页。

第三，世界上存在大量的不平等和贫困也需要采用全球分配正义原则加以解决。博格在论述其全球分配正义理论的过程中，也反复提到一个事实，即一方面，当今世界的不平等和贫困日益加剧，另一方面，富裕国家在消除全球不平等和贫困方面的贡献是非常之少。在博格看来，按照1985年联合国所确定的人均日购买力低于1美元的贫困线标准，世界上大约有15亿人生活在贫困线以下，7.9亿人营养不良，10亿人没有安全的饮用水，24亿人缺乏基本的医疗设施，大约10亿人居住在没有达到基本标准的住所里，20亿人用不上电，这些极端贫困严重阻碍了人权的实现。富裕国家的人民至少在三个方面与全球贫困者存在道德意义上的联系："首先，他们的社会起点与我们的社会起点的差别，源于由一系列巨大错误构成的历史过程。历史上的不正义，包括种族灭绝、殖民主义和奴隶制，既造就了他们的贫困，也造就了我们的富裕。其次，他们与我们都依赖于同样的自然资源，而他们本应从中享有的利益，在很大程度上被没有补偿地剥夺了。……第三，他们与我们共同生活在一个单一的全球经济秩序中，而这个经济秩序正在不断延续甚至恶化全球的经济不平等。"[①] 虽然全球贫困的事实触目惊心，富裕国家的人民有义务消除全球贫困，但是富裕国家在消除全球贫困方面的努力是远远不够的。博格建议通过"全球资源红利"（global resources tax）这一方案调节全球不平等和贫困："虽然一国人民拥有和完全控制其领土上的所有资源，但该国人民必须对它选择开采的任何资源支付红利。"[②] 比如，虽然沙特阿拉伯的人民不会允许其他国家的人民开采其石油资源，但是沙特阿拉伯的人民在开采石油资源的过程中，无

[①] ［美］涛慕思·博格：《康德、罗尔斯与全球正义》，刘莘、徐向东等译，上海译文出版社2010年版，第430页。

[②] Thomas W. Pogge, "An Egalitarian Law of Peoples", *Philosophy and Public Affairs*, Vol. 23, No. 3, 1994, p. 200.

论是自己使用，还是出售给他国，都必须缴纳一定比例的红利，比如缴纳销售额的1%。除了石油外，煤炭、天然气和农场用地等，都可以用类似的思路加以征收红利，征收的红利可以用于解决全球不平等和贫困问题。

针对罗尔斯在拒斥全球正义原则时所提到的两个思想试验，博格进行了回应。在博格那里，人民之间应该某种程度上分担彼此的困难，不能让比较贫穷、处于劣势地位的人民承担不幸决定的所有后果，只能让其承担大部分的后果，即使在罗尔斯所设定的由组织良好的人民所组成的理想世界中，人民之间彼此分担后果的理由仍然是存在的。同时，一些人民在做出决定以后，会有可能因为运气较差而致使自身的决定带来恶劣的后果，此时人民之间也应该彼此分担后果："罗尔斯的国内正义理论通常支持这种缓解贫困家庭的负担——这些负担是由贫困家庭的不幸决定所造成的——的制度，并且根据有关道德风险的实际影响的经验知识，提供了怎样设计缓解制度的指导原则。然而，为什么与缓解制度相类似的东西在国际正义方面同人民的自治不相容，或者在其他方面无法令人接受呢？"[1] 对博格来说，应该通过全球分配正义原则缓和或解决贫困国家面临的不利状况。

第四，不公平的国际政治和经济等制度往往造成一些国家的贫困，或者使一些贫困国家所面临的不利状况雪上加霜。针对上述罗尔斯所谓的"纯粹国内因素致贫论"，博格回应道，罗尔斯的观点是令人难以接受的，因为国内因素在很大程度上受到国际因素的影响，全球的贸易规则严重影响了国内人均生产总值的国际分配，同时罗尔斯忽视了"那些致力于提高人民生活水平的国家，不得不与那些过度保护国内市场的富裕国家进行竞争。这些保护（包括关税制度、

---

[1] Thomas W. Pogge, "Do Rawls's Two Theories of Justice Fit Together?" in Rex Martin and David A. Reidy (ed.), *Rawls's Law of Peoples: A Realistic Utopia?* Blackwell Publishing Ltd, 2006, p.215.

配额制度、反倾销税、出口信贷、对国内生产者和所有加入世界贸易组织条约的公司的巨大补贴）是如此的虚伪和不公平，以至于它们受到了大量的批判，并开始削弱民族主义者的解释"①。贝兹和博格还指出了当今世界的一些不公正的国际制度，比如国际资源特权和国际借贷特权。贝兹认为特定的政治和法律制度也会影响收入和财富的全球分配，"对建立在一块地域之上的社会而言，国际财产权赋予其得到承认的政府对此领土及其自然资源排他性的所有权和控制权，或者赋予国际共同体对其共同领域（海洋和太空）保留部分或全部控制权"②。博格更加详细地论述了国际资源特权和国际借贷特权，他认为国际资源特权意味着如果一个公司从沙特阿拉伯人或苏哈托等人的手中购买资源，那么这个公司在世界各地有资格被认为是那些资源的合法拥有者。国际资源特权对那些贫困但富有资源的国家会带来灾难性的影响，在这样的国家不管一个人通过什么样的手段当权，那么他通过出售自然资源获得的收入，就可以维持自己的统治。就国际借贷特权而言，博格认为国际借贷特权包括了把国际上有效的法律责任施加给了整个国家的权力。比如，某个国家的政府非常腐化、残暴、不民主，欠下了很多债务。当该政府被推翻，其继任的政府不得不偿还上任政府所欠下的债务，否则在国际金融市场上就会受到惩罚，比如丧失借贷特权。③ 可见，对贝兹和博格等世界主义者来说，为了解决当今世界的全球背景不正义问题，也需要全球分配正义原则。

---

① Thomas W. Pogge, "Do Rawls's Two Theories of Justice Fit Together?" in Rex Martin and David A. Reidy (ed.), *Rawls's Law of Peoples: A Realistic Utopia?* Blackwell Publishing Ltd, 2006, p.219.

② [美] 查尔斯·贝兹：《政治理论与国际关系》，丛占修译，上海译文出版社 2012 年版，第 136 页。

③ 参见 [美] 涛慕思·博格：《康德、罗尔斯与全球正义》，刘莘、徐向东等译，上海译文出版社 2010 年版，第 468—471 页。

三、捍卫罗尔斯对全球分配正义的拒斥：弗里曼等人的辩护

一如上述分析所指出的那样，在贝兹和博格等世界主义者看来，由于上述原因，全球分配正义原则既有可能存在，当今世界所存在的很多非正义现象也需要全球分配正义原则加以解决。然而，在以弗里曼和希斯等人为代表的罗尔斯的辩护者看来，全球分配正义原则并不存在，罗尔斯对全球分配正义原则的拒斥能够获得辩护。

其一，在世界国家并不存在的情况下，并不存在与社会基本结构一样的全球基本结构，贝兹和博格等人所谓的全球基本结构并不是真正的基本结构，只是一些次要的制度。弗里曼在为罗尔斯对全球分配正义原则的拒斥进行辩护时，反复强调了社会合作的重要性以及社会合作与现有的全球合作之间的区别。弗里曼认为，在罗尔斯那里，社会合作总是包含着政治合作，基本的社会合作和制度的强制实施对人民是必不可少的，人民不得不参与社会合作，并遵守社会基本结构的要求，而不同的社会之间的经济和文化联系是自愿的，是以条约为基础的。社会合作对我们作为人的发展、道德力量、社会能力以及善观念来说是必不可少的，是我们发展独特的人类能力的前提条件，一个人也许可以在同他人不进行合作的情况下生存下来，然而，这个人此时过的是一种原始生活。相反，全球合作并不是我们能够生存下来或繁荣的前提条件，也不是发展我们的理性的、社会的和道德的力量之前提条件。不同其他社会进行合作，我们会失去商业利益和文化利益，不同其他人进行合作，我们就会失去文明和所有的根本利益，所有其他形式的合作都依赖社会合作，然而社会能够在很多方面不同其他社会合作的情况下生存下来并繁荣发展。虽然社会合作是非常重要的并不同于全球合作，但是一些世界主义者拒绝考虑社会合作的重要性，并尽量最小化社会合作对

正义的重要性,虽然有的世界主义者认为社会合作是重要的,但是这些人也认为全球合作是社会合作的一种形式。在罗尔斯那里,社会合作是以一种包括社会制度在内的共享的基本结构为前提条件,它在全球层面上并不存在。贝兹和博格等世界主义者所提到的经济和政治关系只是一些次要的制度,不是基本制度,只是各个国家之间进行协商和约定的结果。弗里曼不但认为全球基本结构是不存在的,而且认为在缺乏世界政府和全球法律制度的前提下,将罗尔斯的差别原则应用于全球层面是没有意义的。差别原则是一个政治原则,它的实施需要立法机关、行政机关和司法机关,同时需要一些机构对差别原则的应用、解释和实施进行判断,然而,在全球层面上,并不存在可以应用全球差别原则的全球政治权威、全球法律体系或全球财产体系。全球差别原则毫无疑问是虚弱的,缺乏主体和客体:既没有可以运用全球差别原则的主体,也没有它可以适用的法律体系。① 弗里曼还回应了布坎南的观点,认为布坎南关于罗尔斯忽视了地区性的和国际性的经济协议、国际金融体制、全球私有财产保护体系等所谓的全球基本结构这一观点是错误的,对罗尔斯来说,这些制度是万民社会的内在组成部分,但是罗尔斯拒绝承认这些制度是可以为分配正义原则辩护的全球基本结构。虽然布坎南强调这些国际制度像国内基本结构一样影响人们的生活前景,但是在社会基本结构和全球基本结构之间真的没有可比性,它们之间的差别并不仅仅是社会基本结构对人民的生活影响更大的问题,这些国际制度是那些万民社会的成员运用政治管辖权的结果,人们为了维持自己社会的基本结构,同意运用政治自主。② 对弗里曼来说,既然世界国家是不存在的,全球基本结构也是不存在的,既然在全球层

---

① Samuel Freeman, *Rawls*, Routledge, 2007, pp. 421 – 423, 444.

② Samuel Freeman, *Justice and the Social Contract: Essays on Rawlsian Political Philosophy*, Oxford University Press, 2007, pp. 287 – 288.

面上并不存在社会合作和全球基本结构，全球分配正义原则也就是不存在的。

希斯也通过否认全球基本结构的存在，从而为罗尔斯对全球分配正义原则的摒弃进行辩护。希斯认为罗尔斯的《万民法》提出的一个核心问题是：是否一个拒绝世界政府并认同传统的主权国家的人，仍然能够认同一种主导国际关系的分配正义原则？罗尔斯认为这两个方面是不相容的，全球分配正义的倡导者通过漠视思考自身立场的制度方面的含义已经部分避免了政治困境。当我们建议在全球层面上适用分配正义原则时，这意味着需要转移大量的财富，在全球层面上并不存在分配正义的义务，这不仅仅是因为"霍布斯式的原因"（国家不能期待别人尊重它），也是因为政策方面的原因（主权国家不能合理地向其他国家提出这样的要求）。鉴于社会合作和互惠性在罗尔斯的"万民法"中所扮演的关键角色，全球层面上的法治的缺乏会带来很多难题。很多理论家将罗尔斯的差别原则适用于全球层面，忽视了在全球层面上并不存在基本结构。[①] 斯蒂芬·马赛多（Stephen Macedo）也不认同自由主义的世界主义者对罗尔斯的国内正义理论在全球层面上的扩展，马赛多之所以如此，其原因在于国内社会与国际社会的情况是非常不同的，这种差异一方面是由文化和价值的多元性所引起的，另一方面是由尊重自主治理的人民——只要他们是独立的和负责任的——所引起的，同时，"世界主义的分配性正义在缺乏一个全世界性的国家或一个世界性政治共同体的情况下是没有意义的，几乎没有人真正赞同世界主义的分配性正义"[②]。可见，与弗里曼一样，希斯和马赛多认为全球基本结构和

[①] Joseph Heath, "Rawls On Global Distributive Justice: A Defence", *Canadian Journal of Philosophy*, Supp. Vol. 31, 2005, pp. 199–202.

[②] [美] 斯蒂芬·马赛多：《自主治理的人民相互负有什么义务：普世主义、多样性还是〈万民法〉》，王勇兵译，载《马克思主义与现实》，2006年第1期，第21页。

世界国家在全球层面上的缺乏，导致世界主义者将罗尔斯的正义理论运用于全球层面是无能为力的。

其二，自然资源的分布和国籍等因素确实是任意的因素，然而，这并不意味着需要全球分配正义原则去化解这种任意性问题。在弗里曼那里，一个人民所处的领土确实是任意的，但是现存边界的历史任意性并不意味着人民居住的领土并控制的领土也是任意的。一般说来，一种位置的道德任意性并不意味着我们在道德上能够忽视它，例如失明的任意性并未使盲人有资格忽视他人的眼睛。任意的边界在道德上是重要的，因为居住在领土上并能够在政治上控制领土是人民存在的一个必不可少的条件。任意的边界并不意味着对社会成员的特殊义务也是任意的，正如除非家庭成员彼此之间负有义务同时不对他人负有义务，否则家庭并不能存在一样，人民也不能存在，除非人民之间彼此负有特殊的义务。对罗尔斯来说，自足的人民有一种支持处于不利境地的人民的义务，以使其变成自足的人民，但是自足的人民仍然有针对自己的人民的特殊义务，特别是对自己社会的处境不利者的特殊义务，这种特殊的义务并不是源自民族情感，而是源自拥有共同的基本结构的人民之间的合作关系。① 在弗里曼那里，人民对领土的控制和管辖权是一个人民可能存在的前提条件，同时，一个人民对领土的控制为其有关财产的发展制度和其他基本的社会制度提供了必不可少的框架，除非有人民之间的合作或者获得其他人民的承认，人民才能够控制领土，对其他人民的领土的尊重，这是"万民法"的内容之一，但是全球基本制度并没有存在，因为全球政权是不存在的。② 弗里曼还认为在以互惠和相

---

① Samuel Freeman,"Introduction", in Samuel Freeman (ed.), *The Cambridge Companion to Rawls*,Cambridge University Press,2003,pp.48-50.

② Samuel Freeman, *Justice and the Social Contract: Essays on Rawlsian Political Philosophy*, Oxford University Press,2007,p.308.

互尊重为基础的社会合作关系的背景下，罗尔斯认为有关出生的偶然的社会事实和自然事实不应该决定分配的份额，然而这并不意味着在一个民主社会里，偶然的成员身份不应该决定分配的份额，事实上，在决定分配份额时，成员身份是高度相关的，比如一个人生而并不拥有较好的才能和相貌，与其在家庭中获得的关心和照顾是不相关的，然而另一个孩子没有生在那个特定的家庭中这一偶然事实，同其在那个家庭中的地位和应得的权利是高度相关的。[1] 可见，对弗里曼来说，自然资源的分布状况和国籍等因素虽然是一种任意性的因素，但是这并没有使得人们不对自己的同胞不负有特殊的义务。

其三，针对博格等世界主义者通过诉诸于大量的不平等和全球贫困的事实从而主张一种全球分配正义原则，弗里曼反复强调，罗尔斯的援助义务就能够解决这些问题，并不需要采用全球差别原则或全球资源红利等方案。对弗里曼来说，全球贫困当然是一个正义问题，因为它在很大程度上归功于目前很多人民的政府和世界经济关系中的大量非正义，依照罗尔斯的理路，这些非正义现象可以通过罗尔斯的援助义务、通过阻止对人民的不公正的剥削、要求腐败的政府尊重人权和满足人民的基本需要等来提升人民的生活水平。对解决严重的全球贫困问题而言，全球分配正义原则既不是必需的，也不是合适的，因为分配正义在适用于人民之间的过程中，并不问人民到底贫困与否，如果某一天世界上的所有人民拥有充足的收入和财富，都能追求自己所选择的生活方式，全球分配正义原则仍然是适用的。由此也可以看出，贝兹和博格等世界主义者支持全球分配正义原则的依据除了严重的全球不平等和贫困以外，还有其他依据，比如贝兹和博格等世界主义者所信奉的"运气均等主义"（luck

---

[1] Samuel Freeman, *Rawls*, Routledge, 2007, p.443.

egalitarianism），运气均等主义试图中立化运气所带来的结果，认为只要运气所带来的结果已经被平等化或中立化（比如人民的不幸已经被补偿了），那么资源、福利、可行能力（capabilities）方面的不平等就是正当的，只要这些不平等源自人民的自由选择。运气均等主义促使很多世界主义者呼吁建立一种全球分配原则，但是罗尔斯并不认同运气均等主义，正义并不要求我们平等化或中立化原生运气（brute luck）所带来的结果，相反，社会正义要求社会应该运用这些不可避免的不平等的运气，去有利于所有人的利益，最大化社会上处境最差者的利益。① 针对博格试图以全球资源红利方案来解决全球贫困和不平等的问题，弗里曼认为博格的全球资源红利方案具有吸引力的原因主要在于很多人遭受的严重贫困和很多发达国家已经并将继续加诸于人民身上的诸多非正义，罗尔斯的"万民法"以援助义务回应了这些问题。一个较好的测试博格的全球资源红利方案的方法在于，询问在理想的状况和组织良好的万民社会中，在其中所有的补偿已经被给予，所有的人民在国内实施差别原则，同时至少处于中等程度的繁荣状态，此时全球资源红利方案是否是合适的？比如一个资源贫乏但是富裕的国家（比如日本），或者中等程度富裕的国家应该获得补偿吗？弗里曼认为不应该进行补偿，如果人们的回应在于日本并不是贫困的，依照全球资源红利方案并不应该获得补偿，那么全球资源红利方案的吸引力在于过去的非正义或者人民的严重贫困，人民有缓解贫困的人道主义义务，该方案的吸引力并不依赖于补偿自然资源贫乏的国家，而是依赖于上述所说的运气均等主义。② 同时，在希斯那里，罗尔斯的援助义务并不是像其批评者认为的那样是一种仁慈的义务，而是一种由正义理论所强加的

---

① Samuel Freeman, *Rawls*, Routledge, 2007, pp. 450 – 452.

② Samuel Freeman, *Justice and the Social Contract: Essays on Rawlsian Political Philosophy*, Oxford University Press, 2007, p. 315.

义务,当国家之间的不平等是由富裕国家所带来的伤害时,显而易见的情况是,富裕国家有停止伤害的义务。①

其四,针对一些世界主义者所提出的全球背景不正义问题,弗里曼认为如下观点是错误的:在罗尔斯的万民法中,并没有什么能够阻止富裕的和强有力的社会将伤害贫困社会的经济增长、削弱其讨价还价能力的不公正的全球经济秩序强加给贫困的社会。既然处于无知之幕背后的代表不知道其所代表的社会的财富、资源、力量或其他事实,代表所选择的原则将不会对拥有更少财富和更少力量的人民有偏见。罗尔斯明确承认现存国际经济关系中的非正义,虽然他没有直接这么说,但是他大概承认将转移原则用于矫正当下和过去的非正义。然而,重要的地方在于,这样的全球原则将是补救性的,而不是永久性的,因为正如罗尔斯所言,一种永久性的全球分配原则存在的问题是在一个组织良好的万民社会中,该原则是没有终止点的,将资源由处境较好者的手中转向处境较差者的手中,即使当处境最差者是组织良好的社会时,也依然如此。② 希斯曾为罗尔斯的"纯粹国内因素致贫论"进行了辩护,他认为罗尔斯拒绝贝兹和博格等人的全球再分配计划的做法是正确的,因为全球再分配计划是完全没有优点的,全球再分配计划不仅建立在对国家财富的本质和原因的错误理解的基础上,而且带来的后果也将是倒退的,比如惩罚不发达的国家,并使富裕国家从中获益。③ 对希斯来说,罗尔斯的一国贫困的原因主要在于该国的政治制度和政治文化较为落后这一观点是可以接受的。在马赛多看来,罗尔斯之所以没有关注

---

① Joseph Heath, "Rawls On Global Distributive Justice: A Defence", *Canadian Journal of Philosophy*, Supp. Vol. 31, 2005, p. 198.

② Samuel Freeman, *Rawls*, Routledge, 2007, p. 452.

③ Joseph Heath, "Rawls On Global Distributive Justice: A Defence", *Canadian Journal of Philosophy*, Supp. Vol. 31, 2005, p. 214.

因殖民剥削关系、不公正的国际经济与政治规则等因素所带来的非正义，其原因在于罗尔斯论及的是"理想的理论"，即自由人民与非自由人民之间的关系与过去或现在的特定剥削没有关系，针对罗尔斯的"纯粹国内因素致贫论"，马赛多认为，"世界上大多数贫困地区的持久贫困也许并不是因为腐败或制度失效（如罗尔斯所主张的），也不是因为殖民剥削（如其他学者所主张的），更多的是因为地理因素。根据杰弗里·赛奇的解释，在非洲撒哈拉地区和南美洲安第斯地区这两个全球最大的'贫困地带'，可怕的持久的贫困主要是由于地理因素导致的，包括人口远离可航行的水路（抑制了市场的发展），发病率特别高的疾病的肆虐流行（抑制了人力资本的增长）。"① 另外，莱夫·韦纳（Leif Wenar）在为罗尔斯对全球分配正义的拒斥进行辩护时，采取了一条独特的分析进路，即通过论述纯粹的世界主义是不可能的而展开的，韦纳的论述逻辑如下：①拥有一种对强制权力的稳定垄断的世界国家既不是可能的，也不是可欲的；②在世界国家并不存在的情况下，拥有强制力量的国家也许能够保护边界，这将成为全球秩序的永久特征；③如果国家允许使用武装力量去保护边界，那么个人的基本权利和自由并不能被完全得到说明，除非求助于那些人所属的国家；④纯粹的世界主义是不可能的。② 在韦纳那里，既然纯粹的世界主义是不可能的，全球国家是不存在的，全球分配正义原则也就是不存在的。

---

① ［美］斯蒂芬·马赛多:《自主治理的人民相互负有什么义务：普世主义、多样性还是〈万民法〉》，载《马克思主义与现实》，2006年第1期，第19页。

② Leif Wenar, "Why Rawls is Not a Cosmopolitan Egalitarian", in Rex Martin and David A. Reidy (ed.), *Rawls's Law of Peoples: A Realistic Utopia?* Blackwell Publishing Ltd, 2006, p.108.

四、罗尔斯对全球分配正义原则的摒弃能否获得辩护？

以上我们分析了罗尔斯对全球分配正义原则的拒斥以及罗尔斯的批评者与辩护者围绕罗尔斯的观点所产生的激烈纷争，那么罗尔斯对全球分配正义原则的摒弃能够获得辩护吗？本文认为罗尔斯对全球分配正义原则的摒弃难以获得证成，原因主要在于以下几个方面：

首先，全球基本结构是否存在，是非常富有争议性的，即使全球基本结构并不存在，全球分配正义原则仍然可以建立在其他基础之上，世界政府暂时在实践上的不可能性并没有为确立全球分配正义原则带来难以克服的困难。就罗尔斯对全球分配正义原则的拒斥是否合理而言，罗尔斯的批评者与辩护者激烈纷争的一个核心问题是在全球层面上，是否存在着与罗尔斯所谓的社会基本结构相类似的全球基本结构。事实上，即使在当今世界，并不存在全球基本结构或世界政府，这也不意味着全球基本结构或世界政府在将来并不存在。即使世界国家现在不存在，只是指出了目前全球分配正义原则会面临着很多实践上的困难，并未指出全球分配正义原则在理论上不可能存在。即使目前全球分配正义原则难以实现，并不会损害到全球分配正义原则这种理念本身，正如贝兹所言，"如果缺少有效的全球政治机构，或者世界共同体感，使得全球原则的实现成为不可能，那么各方就不会同意这些原则"，这样的反对意见"是没有说服力的，因为它们误解了理想理论与现实世界之间的关系。理想理论规定了一些标准，如果假定一个公正的社会能最终达到，那么这些标准在非理想的世界中就成为政治变革的目标。仅仅指出目前这个理想还不能达到并不能损害这个理想。"[①] 博格也曾言："即使说

[①] [美] 查尔斯·贝兹：《政治理论与国际关系》，丛占修译，上海译文出版社2012年版，第141—142页。

一个正义的世界政府是不可行的,这也不会妨碍我们将罗尔斯的社会正义之公共标准有效地应用到整个世界:这个标准并没有规定一个特定的制度秩序,而是作为一项根据,据以评估几个同样可行的制度秩序之间应该如何排序。"① 对博格来说,要践行全球分配正义原则,可以不依靠世界政府,可以依赖其他的制度安排或某种世界联邦。

全球基本结构或世界国家的存在并不是全球分配正义原则的必要条件,即使全球基本结构或世界国家在全球层面上并不存在,全球分配正义原则也可以以其他理念为基础,世界主义或道德平等都可以成为全球分配正义原则的基础。比如,贝兹在《政治理论与国际关系》的修订版后记中为其全球差别原则进行辩护时就诉诸于道德世界主义,这种世界主义并不必然认为国家应该服从于一个世界政府或全球政治权威。② 易言之,道德世界主义并不需要以世界政府的存在为前提条件。全球分配正义除了诉诸于道德世界主义之外,还可以诉诸于道德平等,即虽然人与人之间在事实上存在诸多差异(比如拥有不同的国籍、财富与社会地位),但是从道德意义上而言,人们是平等的,都共享着人类的本性,都拥有平等的内在价值与道德地位。

其次,自然资源的分布和国籍等道德上的任意因素,确实在全球非正义现象的生发过程中扮演了较为重要的角色,需要一种全球分配正义原则去关注由其所带来的问题。针对边界的任意性这一问题,罗尔斯认为:"无论从历史的观点看,一个社会的边界的划定有多么的任意,但一个人民的政府的一个重要角色,就是作为人民具

---

① [美]涛慕思·博格:《康德、罗尔斯与全球正义》,刘莘、徐向东等译,上海译文出版社 2010 年版,第 234 页。

② [美]查尔斯·贝兹:《政治理论与国际关系》,丛占修译,上海译文出版社 2012 年版,第 179 页。

有代表性的和有效的代理人，对自己的领土、人口规模、环境完整性及其供养人民能力负起责任。""从边界的划定在历史上是任意的这一事实并不能推出：边界在万民法中的作用是得不到辩护的。比如，美国某些州的边界划定在历史上是任意的，却不能以此为理由去要求以此种或彼种方式去解散我们的联邦制。关注这种任意性是搞错了对象。"①可见，罗尔斯在看待国家的边界问题时，与其看待人的自然资产的分布（比如才能）问题一样，认为在划定国家与国家的边界的过程中，充满着很多偶然因素，但是罗尔斯探讨国与国之间的边界时偷换了概念，将国家与国家之间的边界问题，偷偷转换成美国的州与州之间的边界问题。事实上，国家与国家之间的边界问题，与一个国家内部的各个组成部分之间的边界问题并不是一回事。一个生在加利福尼亚州的美国人与另一个生在阿拉斯加州的美国人之间的福利状况的差距不会太大，然而，一个美国人与一个埃塞俄比亚人之间的福利状况的差距会非常大——因为美国是当今世界非常富裕的国家之一，埃塞俄比亚是当今世界非常贫困的国家之一。可见，一个人生在美国的加利福尼亚州还是生在美国的阿拉斯加州，对这个人的福利状况的影响远远不及一个人生在美国还是生在埃塞俄比亚对这个人的福利状况的影响程度大，罗尔斯并不能将国家与国家之间的边界问题混同于一个国家内部的各个组成部分之间的边界问题。

上文我们曾经提到，弗里曼在为罗尔斯的观点进行辩护时认为，人民对领土的控制和管辖权是一个人民可能存在的前提条件，即使我们姑且承认弗里曼的这一观点，但是这并不能证明国家与国家之间的边界能够使得占有丰裕自然资源的国家永远得益于由该自然资

---

① ［美］约翰·罗尔斯：《万民法》，陈肖生译，吉林出版集团2013年版，第18—19页。

源所带来的收益,因为有可能存在另一种可能性,即在承认国家对自然资源的控制和管辖的前提下,这并不妨碍该国家从通过占有资源而获得的收益中,拿出一部分资助自然资源贫乏的国家,博格的全球资源红利方案就是其中的一种选择方案。罗尔斯在其国内正义理论中肯定反对罗伯特·诺齐克(Robert Nozick)的"自我所有权",但是为什么在国际正义理论中,罗尔斯认同国家可以垄断本国的资源及其收益呢?认同国家对其疆界内的所有自然资源都拥有无限的所有权呢?实际上,在罗尔斯的国际原初状态中,既然国际原初状态中的代表并不知道自己所代表的人民的自然资源的丰裕程度、经济的发展水平等信息,那么按照罗尔斯的"最大的最小值原则",国际原初状态中的代表就有可能选择全球分配正义原则,以免自己所代表的人民的自然资源较为贫乏。

再次,援助义务并不像罗尔斯的辩护者认为的那样能够解决当今世界的不正义问题,并不足以代替全球分配正义原则。在贝兹和博格等世界主义者看来,罗尔斯的国际分配正义理论较为保守,其保守性主要体现在罗尔斯试图以援助义务解决当今世界的一些非正义的现象,试图以援助义务替代全球分配正义,罗尔斯的辩护者也试图为罗尔斯在这方面的努力进行辩护。罗尔斯的援助义务仅仅设置了一些要达到的最低限度的标准,满足人民的基本需要,罗尔斯并没有关注全球层面上的不平等问题(比如缩小穷国与富国之间的贫富差距),而是关注如何使负担不利条件的社会变成组织良好的社会的一员,只要完成了该目标,援助义务就此终止,即使负担不利条件的社会依然贫困也是如此。事实上,目标仅限于将负担不利状况的社会变成组织良好的社会、满足人民的基本需要的援助义务,只能部分解决当今世界上的一些非正义现象,针对当今世界的大部分不正义的现象(比如上文曾提到的博格所描述的一些全球贫困和不平等的现象),往往都是无能为力的,这样的援助义务也不能替代贝兹和博格等人所谓的全球分配正义原则。为了更好地解决当今世界的一些非正义现象，除了罗尔斯的援助义务所提到的有限目标之外，还需要建立一个更加公正的国际秩序，防止穷国再受制于曾使得它们限于贫困的不公正的国际秩序。

最后，罗尔斯的"纯粹国内因素致贫论"是值得商榷的，同时罗尔斯试图通过改造贫困国家的政治文化从而使贫困国家变成组织良好的社会的一员，也会有损其政治自主。罗尔斯之所以将援助义务的目标设定得较为保守，与罗尔斯的"纯粹国内因素致贫论"密切相关。罗尔斯的这一观点是难以接受的，正如上文曾提到的那样，即使在罗尔斯的辩护者马赛多看来，罗尔斯的"纯粹国内因素致贫论"也是不可行的，地理因素往往会极大地影响一些国家的富裕程度，世界上最贫穷的地方往往处于地理环境恶劣的地方。虽然罗尔斯也曾提到了有些地方的资源是如此稀少，以至于其无法成为组织有序的社会中的一员，比如"北极的爱斯基摩人就足够罕见，这种例子不需影响我们的一般性的处理思路。我相信他们的问题可以一种特殊的方式加以解决"[①]。依照马赛多的思路，除了罗尔斯提到的北极的爱斯基摩人，非洲撒哈拉地区和南美洲安第斯地区的人民也应被包括在足够罕见的例子中。虽然自然资源的丰裕状况对国家的贫富状况的影响程度确实没有工业革命以前的影响那么大，丰富的自然资源往往会在一国的经济发展中扮演着重要的角色，罗尔斯曾提及的资源丰富但较为贫困的国家阿根廷只是一个罕见的例子。像煤炭、石油、天然气这样的不可再生的自然资源的日益减少，在难以找到替代性资源的情况下，那些拥有丰富的煤炭、石油和天然气的国家在国际社会中往往拥有更多的发言权和发展后劲。罗尔斯的

---

① ［美］约翰·罗尔斯：《万民法》，陈肖生译，吉林出版集团2013年版，第150页。

"纯粹国内因素致贫论"忽视了一个非常重要的情况，即一个国家的政治文化、社会制度的基本结构等国内因素是一个国家富裕的根本原因的前提条件是，上述国内因素并没有受到国际因素的影响。然而，事实并非如此。不公正的国际政治和经济秩序以前以及当下正在深刻地影响着一些贫困国家的国内因素，不公正的国际政治和经济秩序、历史上的殖民统治等因素正是一些国家之所以贫困的主要根源，这些不公正的秩序及其遗祸正在使一些贫困国家的处境雪上加霜。

另外，正如上文曾言，罗尔斯反对全球分配正义原则的一个重要原因在于全球分配正义原则会有损人民的自主权，并主张可以通过改造影响一国发展的重要因素——政治文化——的方式，从而使负担沉重的社会能够自主治理，从而组织有序的社会。实际上，罗尔斯并没有意识到，与践行全球分配正义原则对一个国家的自主权——即使我们承认在践行全球分配正义原则的过程中会有损某些国家的自主权——带来的影响相比，改造一个国家的政治文化对其自主权带来的影响是更大的。不但如此，罗尔斯对全球分配正义原则的反对，也有可能指向其自身的国内正义理论。比如，对罗尔斯来说，全球分配正义原则（比如贝兹的全球差别原则）是没有明确的目标和终止点的，言下之意，全球分配正义原则就像福利平等那样，会进行漫无目的的转移，这也可能意味着罗尔斯的差别原则本身是没有明确的目标和终止点的。

综上所述，以上我们分析了罗尔斯对全球分配正义原则的拒斥，并试图以援助义务替代全球分配正义原则，以贝兹和博格等人为代表的世界主义者和以弗里曼和希斯等人为代表的罗尔斯的辩护者围绕着罗尔斯对全球分配正义原则的摒弃产生了激烈的纷争。罗尔斯对全球分配正义原则的拒斥是难以接受的，其援助义务并不足以替代全球分配正义原则。

元治理理论视野中的中国现代国家建构

余金刚*

【摘　要】治理的失败与元治理的提出意味着我们应该重新设计、建构国家,元治理为我们提供了一条超越传统价值取向（权力与权利),进行国家建构的新思路:国家建构与治理体系的发展应该是同一过程,其目标是为了使国家更有效地承担元治理的角色和任务,成为治理体系中的中坚力量;对于当下中国现代国家建构问题而言,规范和约束国家权力,不仅是国家建构的要求,也是治理体系发展的需要。

【关键词】元治理　国家建构　规范国家权力

一、国家建构的两种理据：权力与权利

现代国家的兴起是现代社会的本质特征之一，根据德国学者吉尔克的观点，现代社会与传统社会的根本区别在于个人自主权与国

---

* 余金刚（1981—），男，内蒙古赤峰人，河南师范大学中国特色社会主义理论研究中心副教授，法学博士，主要从事政治学理论研究。

基金项目：国家社会科学基金重大招标项目"中国特色社会主义政治发展道路的理论阐释与实践路径研究"（12&ZD058）；河南省教育厅2015年人文社会科学规划项目"国家治理现代化进程中群众路线的角色问题研究：基于'党—国家—社会'关系的分析"（2015-GH-537）；河南师范大学博士科研启动项目（qd14114）。

家自主权的并存:一方面,个人从传统组织中独立出来,成为社会的基本构成单位,个人权利成为现代法律保护的主体对象;另一方面,国家作为一种制度从众多的社会控制制度中脱颖而出,成为现代社会的权力中心。① 在严格意义上讲,现代国家建构就是"创造出韦伯主义的对既定领土的暴力合法垄断权,由此其核心是在中央政治权威控制下强制手段——特别是军队和警察——的集中化。这就必然要求其他国家机构的发展,最初是税收机构(这一直以来至少必须具有部分强制性),也包括提供各种公共物品的机构"②。

实际上国家建构主要指涉两个层面的问题:第一,国家建构的理据,即为什么要建构国家或者说国家本身是目的还是手段;第二,国家建构的路径,即如何建构的问题。因此,现代国家建构是一个包含了政治理论与建国实践不同内涵的复杂问题。诚然,从政治实践的角度看,国家建构不存在普遍的适用模式,我们必须把国家建构理论中的规范性说法与特殊主义的指向区分开来,对于一个国家的国家建构具体实践我们没有办法、也没有必要进行历史还原,因为一个国家的国家建构历史是不可能被另一个国家全盘模仿的,也就是说,在学习、借鉴其他国家国家建构经验的过程中,与其关注这些国家的特殊历史,不如将这些国家建构现代国家的规范性含义凸显出来,进而指导我国的现代国家建构实践。在这样一种进路下,根据国内以往学者的研究③,我们可以区分出国家建构理论中的两种价值取向:

---

① 李强:《后全能体制下现代国家的构建》,载《战略与管理》,2001年第6期。
② Francis Fukuyama, "Liberalism versus. State – building", *Journal of Democracy*, Vol. 18, No. 3, July 2007, p. 11.
③ 相关研究参见徐勇:《"回归国家"与现代国家的建构》,载《东南学术》,2006年第4期。易承志:《试论现代国家与公民权的内涵及两者之关系》,载《太平洋学报》,2010年第3期。王家峰:《在权力与权利之间:现代国家建构的历史逻辑》,载《天津社会科学》,2010年第6期。任剑涛:《国家理由:国家禀赋的或社会限定的》,载《学术研究》,2011年第1期。

(一) 权力取向

权力取向主要关注如何为现代国家建构提供一种理据,在西方国家的语境中,从马基雅维利开始,就希望给国家提供一个理由,以便指导国家建构的具体实践,一直到黑格尔将这样一种思路推到了极端。黑格尔关于国家理性的论述为国家建构提供了一种强势的理由,他以辩证法将事实与价值统一起来,并认为国家是一种绝对合乎理性、代表神的意志的伦理共同体,公民个人根本无法直接构成国家,个人首先应该组成市民社会,在市民社会的基础上形成国家。其中,市民社会接受国家的引导,国家为市民社会提供秩序保障和道德旨意。这样,国家本身就成为目的,"国家的绝对理性就成为国家自身的天赋秉性,国家就是一种目的性概念"①,黑格尔的国家理论一方面辩证地联接了个人诉求与国家意志、古典的城邦原则及基督教理念:"这一原则在政治上的结果是现代欧洲国家,其任务是使城邦原则——实体的普遍性——与基督教的原则——主体的个别性——和解。但是,黑格尔并没有把这一两种相反的力量的辩证统一看作现代国家独有的弱点,而是看作它的优势!"② 另一方面,又成功地抵制了自由主义国家观,即将国家看作"是一种单纯的'应急国家'或者'知性国家',也就是说,他没有自己的实体性意义;它仅仅是一种'形式上的'统一和居于单个的人的特殊利益之上的普遍性"③,从而建构起以自身为目的的国家。

---

① 任剑涛:《国家理由:国家禀赋的或社会限定的》,载《学术研究》,2011 年第 1 期。

② [德] 卡尔·洛维特:《从黑格尔到尼采》,李秋零译,生活·读书·新知三联书店 2006 年版,第 330、328 页。

③ [德] 卡尔·洛维特:《从黑格尔到尼采》,李秋零译,生活·读书·新知三联书店 2006 年版,第 330、328 页。

黑格尔之后，在德国国家理论的发展中，韦伯是个非常值得注意的人物。韦伯认为对现代政治的所有描述都可以归结为对现代国家的描述，而现代国家就是一种持续运转的强制性政治组织，其行政机构成功地垄断了合法使用暴力的权力，并以此维持秩序，"在国家的现代概念中，把这种垄断视为有形的暴力的任何合理性的最终渊源；同时，应用有形暴力的规则的理性化，在合法的法律秩序的概念中，理性化就是它的最终的归宿"①，在韦伯的理论体系中，如果缺乏现代国家，就不可能建立具有普遍意义的法律秩序，不可能保障包括财产权利在内的一切个人权利。韦伯关于现代国家的理论被后人所继承，比如埃利亚斯的国家理论，他将现代国家的特征概括为对强制性暴力手段和税收的垄断，"我们称之为近代社会的那种社会，首先是在西方，是以形成某种程度的独占为其特点的，个人无权占有军事手段，只有中央政权才有权占有，不管该政权采取何种形式；个人财产或收入的赋税亦集中于社会的中央政权的手中。统统归其使用的财政手段维护着政权的独占，而政权的独占又维护着赋税的垄断。这两者之间没有任何意义上的优先问题……若一方消失，另一方也自动跟进，不管政权独占是由军事还是经济方面所动摇"②，根据他的研究，欧洲现代化的进程在政治上首先表现为国家建构的过程。国家利用自身的优势（合法使用暴力和征收赋税权力的垄断）对外维护独立与安全，对内维护社会秩序。

始于黑格尔的德国国家理论其主流观念是赋予国家权能，国家本身即是理性实体，其为国家建构所提供的理由也是强势的，由于黑格尔没有"把国家权力如何真正受到控制、从而显示出国家运作

---

① [德]马克思·韦伯：《经济与社会》（下卷），林荣远译，商务印书馆1997年版，第226页。

② [德]诺贝特·埃利亚斯：《文明的进程：文明的社会起源和心理起源的研究》（第二卷），袁志英译，生活·读书·新知三联书店1999年版，第118页。

的理性现代性原则承诺下来,而是将国家理性作为自身先天禀赋的东西来对待,因此注定了他试图控制国家权力却无能为力的结局"①,这样一种强化权力的国家建构思路与德国国家建构在政治上的艰难推进相伴随最终形成了国家至上的现代国家理论。

(二) 权利取向

这种取向的特点在于一方面致力建构现代国家,另一方面努力规范国家权力,或者说赋予现代国家权力的同时强调规范、限制国家权力。其中,对于国家权能的强调主要以霍布斯为代表,霍布斯关于国家问题的思考既具有自由主义特征同时也具有反自由主义的特征,其只凸显了建立强大国家的国家赋权问题,但并没有给出现代国家建构的周延规定性。自由主义理论家与霍布斯的区分仅仅在于是否应该建立一个具有无所不包权力的国家,而不是是否需要一个强有力的国家。自由主义的主流会接受霍布斯的基本结论:强有力的国家是提供秩序与安全的渊源,是保障个人自由的条件。②霍布斯的这一思路在洛克那里得到延续,在洛克看来,个体的生命、自由和财产权利不仅在专制国家会受到侵害,在无政府状态下同样也会受到侵害,缺乏功能健全的公共权力,就不可能有个人安全,不可能有人们赖以生存的规则;与霍布斯不同的是,洛克是从合作的原初状态走向合作的国家建构,凸显了国家权力的契约性质以及限制国家权力的理念。洛克申述的是一种典型的工具主义国家概念:社会优于并先于国家,公民个人的财产、生命和自由构成了国家活动的边界和限制,国家存在的理由在于保障公民

---

① 任剑涛:《国家理由:国家禀赋的或社会限定的》,载《学术研究》,2011年第1期。

② 李强:《宪政自由主义与国家构建》,见王焱编:《宪政主义与现代国家》,生活·读书·新知三联书店2003年版,第25页。

个人的权利和自由，其必须符合公民和社会的期许。正是从保障个人权利的原点出发，自由主义发展出一种与德国思想家不同的国家建构理念：建立强大国家的同时，必须限制和规范国家权力，"将现代国家在渐进的历史过程中建构成国家权力受到控制和规范、公民权利受到周全保护的机制，是英国人对现代国家建构做出的不可替代的最大贡献"①。

  以上两种国家建构的取向分别被国内学者概括为现代国家的两个基本特性：第一，权力取向主要指涉民族—国家，它是现代国家的组织形式，核心是主权原则，所谓民族—国家，即由统一的中央权威在其领土边界内实行自主治理，并有共同民族利益和国民文化的主权国家；第二，权利取向主要指涉民主—国家，它是现代国家的制度体系，其核心是人权原则。② 在英美等先发国家民族国家与民主国家的建构是一个自然的动态均衡过程，国家权力的集中并不会削弱或者替代公民社会、自由市场的生长，一方面集中的政治权力为经济发展和社会稳定提供有效保障，同时公民社会的发展又成为抑制国家权力的根本力量。因此，无论在理论层面还是在经验层面，以权利为取向的现代国家建构都是成功的，自由主义的宪政民主既实现了国家能力的不断增长，同时又对国家权力进行了规范、限制，保障了国家行为的理性化，在政府权力与公民权利之间实现了动态平衡。

---

  ① 任剑涛：《在"国家—社会"理论视野中的中国现代国家建构》，载《天津社会科学》，2012年第4期。
  ② 参见徐勇：《现代国家建构中的非均衡性和自主性分析》，载《华中师范大学学报（人文社会科学版）》，2003年第5期。徐勇：《"回归国家"与现代国家的建构》，载《东南学术》，2006年第4期。

二、元治理与国家的回归

毋庸置疑,20世纪80年代左右兴起的治理理论是对市场失灵和政府失败的一种替代,或者说是不完全市场和不完全政府之间的不完全结合,也是二者之间的一种选择,正是鉴于国家的失效与市场的失效,愈来愈多的人热衷于以"治理机制对付市场和国家协调的失败"①,相较于自发的市场秩序与国家的等级式科层控制,治理是一个上下互动的管理过程,它所拥有的管理机制主要不依靠政府的权威,而是合作网络的权威,其权力向度是多元的、相互的,而不是单一的和自上而下的。很明显,治理理论存在着一种去国家化倾向或者说"国家的回退",因为治理主张"多中心",希望通过自由市场与公民社会之间的伙伴式协作、自组织治理网络最终实现其治理目标。从国家的立场看,治理对国家这一政治共同体本身实际上是一种挑战,因为治理理论更为强调国家的碎片化属性和现状,"国家不是一个统一体,而是作为一套既联系又分割的复杂机构与制度展开行动的"②。

但是,治理的理想目标与现实经验世界之间却日行渐远,治理的去国家化倾向也暴露出很多问题,国家在治理体系中的缺失导致了治理状况的恶化③,因此,像市场失灵与政府失败一样,治理也会失败④。正是针对治理失败问题,学术界才提出"元治理"概念

---

① 贺东航:《面对中国现代国家构建的思考——兼评福山的〈国家构建——21世纪的治理与世界秩序〉》,载《社会主义研究》,2007年第5期。

② [英]杰瑞·斯托克:《地方治理研究:范式、理论与启示》,楼苏萍译,载《浙江大学学报》,2007年第2期。

③ [美]弗朗西斯·福山:《国家构建:21世纪的国家治理与世界秩序》,黄胜强、许铭原译,中国社会科学出版社2007年版,第1、15—16页。

④ [英]鲍勃·杰索普:《治理的兴起及其失败的风险:以经济发展为例的论述》,见俞可平主编:《治理与善治》,社会科学文献出版社2000年版,第71、72、81页。

(meta governance)，作为"治理的治理"，杰索普将"元治理"解释为"治理条件的组织准备"，即"协调三种不同治理模式（科层治理、网络治理、市场治理）以确保它们中的最小限度的结合"①，根据杰索普的观点，元治理本身并不意味着建立一套一成不变的治理方式，而是指复杂和多元关系的管理，元治理在制度和战略两个方面旨在造成一个语境，使不同的自组织安排得以实现，而不是为它们制定特定的战略和采取特定的主动措施。

元治理的角色应该由国家担当，因为作为制度性子系统的国家既是更广泛社会的一部分，同时也承担着保证"该社会的机构制度完整和社会凝聚力的责任"②，在元治理中，国家的作用将被重新定义：一方面，国家要保留对治理机制开启、关闭、调整和另行建制的权力。国家要负责提供治理体系的规则秩序，设计各种治理力量共同遵守的规章制度，保证不同治理机制与规制的兼容性，建立各种治理力量对话协商的平台，充当协调冲突或者争议的"上诉法庭"，解决治理过程中产生的争议，通过对较弱一方的支持进而保持整个治理体系权力关系的平衡，在其他治理力量均失败的情况下负责采取"最后一着"补救措施等等；另一方面，元治理对国家的回归绝不意味着要建立一个至高无上、一切治理安排都要服从的政府，换句话说，国家不再是君主权威，而只是多元化制导系统中的众多参与者之一，它承担的主要是设计机构制度，提出远景设想，促进各个领域的自组织，使自组织安排的不同目标、空间和时间尺度、

---

① Jessop,Bob,"Governance and Metagovernance: on Reflexivity, Requisite Variety, and Requisite Irony", in Bang, Henrik B. (ed.), *Governance, as Social and Political Communication*, Manchester, Manchester University Press, 2003, pp. 142 – 172. Janet V. Denhardt & Robert B. Denhardt, *The New Public Service: Serving Not Steering*, New York: M. E. Sharpe Press, 2003, p. 87.

② [英] 鲍勃·杰索普：《治理的兴起及其失败的风险：以经济发展为例的论述》，见俞可平主编：《治理与善治》，社会科学文献出版社2000年版，第71、72、81页。

行动以及后果等相对协调,"首先,政府将继续扮演在立法和政治规则指定方面的首要角色,让各种各样的自组织网络得以运行。……政府要将源自多样的政治自组织网络内部的决策合法化,成为正式条文并使之生效……其次,政府可能在提供资源和解决超越单个网络的问题上有所帮助。第三,政府需要对网络间的互动进行监控,以确保特定网络内部和网络间关系中的民主原则和社会平等"。

由此可见,市场、国家和治理都会失败,治理的提出并不等于国家作用的下降,元治理的提出也不意味着国家中心主义,而是要求我们重新设计、建构国家。

三、规范国家权力:中国现代国家建构的关键

国家建构其内在的权力取向(民族国家)与权利取向(民主国家)之间是存在矛盾和冲突的,其中,前者强调的是国家的整体性与至高无上性,后者强调的则是个人权利的至高无上性,两者之间如果不能保持相对均衡就会致使现代国家生长困难,甚至崩溃。[①] 在英美等国家,现代国家建构与公民权利的确立是同步的,即现代国家的建构过程也就是公民权利逐步确立的过程;与英美等先发国家相比,在民族独立进程中建构现代国家的发展中国家在国家建构的两种取向之间出现了严重的不均衡性,构建一个强大国家成为这些国家国家建构的首要目标,并且认为强大国家是实现富裕、民主的前提。就当下中国国家建构而言,首先需要解决的是国家建构中的国家权力建设是否已经完成的问题,其次是国家建构与治理体系发展之间的关系问题(或者说治理范围与治理能力之间的关系问题)。就第一个问题而言,与很多后发国家一样,中国现代国家建构一开始的目标就是建立一个独立强大的民族国家,而且这一目标一直具

---

① 徐勇:《"回归国家"与现代国家的建构》,载《东南学术》,2006年第4期。

有一种压倒性优势，以至于1949年以后的现代国家建设出现了十分不均衡的特点：民族—国家建构远远快于民主国家的建构。① 时至今日，这样一种国家建构的思路仍然被部分国内学者所坚持，认为以权力为指向的民族国家仍然是国家建构的主题，强调国家能力建设（如财政汲取能力）。②

实际上，国家权力与国家能力之间并不是同一的，甚至是相互冲突的，在相当多情况下，国家权力过大会削弱国家能力。迈可·曼（Machael Mann）曾将国家权力分为两个层面：（1）强制性权力即国家在不必与市民社会各集团进行例行化、制度化讨价还价的前提下自行行动的范围（range）；（2）基础性权力（infrastructural power），即国家能力，它指的是国家渗透市民社会，在其统治的领域内有效贯彻其决策的能力（capacity）③。迈可·曼的概念描述的恰恰是传统中国国家的两个基本特征，即国家管辖范围宽泛与国家实际渗透社会能力软弱，"帝国的悖论（而不是自相矛盾）是它们的强大——即它们的宏伟遗址、它们的专断、它们对人的生命的轻蔑——掩蔽了它们的社会软弱性。这种强大恰恰建立在并反映了其社会软弱性。这些帝国无力深入渗透、改变并动员社会秩序"④。

---

① 徐勇：《"回归国家"与现代国家的建构》，载《东南学术》，2006年第4期。
② 早在1994年，王绍光、胡鞍钢在《中国政府汲取能力的下降及其后果》一文中就认为，中国政府的国家能力已受到极大的削弱，中央政府是个弱政府。在《中国国家能力报告》一书中，作者明确论述了国家能力（state capacity）是指国家将自己的意志、目标转化为现实的能力，国家能力是国家强盛的必要条件，主要包括：国家汲取财政能力、调控能力、合法化能力、强制能力，其中最重要的是国家汲取财政能力。
③ Michael Mann, *States War and Capitalism: Studies in Political Sociology*, Oxford: Blackwell Publishers Press, 1988, pp. 5 – 9. 转引自李强：《国家能力与国家权力的悖论》，载《中国书评》，1998年2月。
④ John A. Hall, "States and Societies: the Miracle in Comparative Perspective", in Jean Baechler etal (ed.), *Europe and the Rise of Capitalism*, Oxford: Basil Blackwell Press, 1988, pp. 20 – 21.

无论是中国的政治传统（强势国家传统与王权至上），还是现实的政治体制（全能主义）都证明中国国家建构中的国家权力建设实际上已经基本完成，国家权力的过大甚至造成了国家能力的下降，因此，规范国家权力应该是中国国家建构的关键问题。关于这一问题，国内很多学者都已经强调过，故不赘述。①

既然中国的国家权力建设已经完成，因此就国家建构与治理体系发展之间的关系问题来说，一方面，国家建构与治理之间存在着显著区别，国家建构主要以国家权力为中心，目标在于国家的强大；治理则强调去国家化，强调权威的多元化、分散化，旨在消解国家的绝对主权观念；同时，治理与国家建构之间也存在着某种一致性，基于治理失败，元治理强调"国家的回归"，强调能够承担起元治理角色的只能是国家，元治理理念实际上开辟了评判国家建构、国家能力的新路径。② 福山曾注意到国家建构需要区分国家权力的范围和国家权力的强度，前者主要指政府所承担的各种职能和追求的目标，后者指国家制定并实施政策和执法的能力特别是干净的、透明的执法能力——现在通常指国家能力或制度能力。福山进一步指出，一些国家因为没有区分清楚国家活动范围与国家权力强度，致使"一方面削弱国家力量的强度，另一方面又产生出对另一类国家力量的需要，而这些力量过去不是很弱就是并不存在"③。由此，这些国家就陷入了"治理危机"，要克服这种治理危机，当务之急是进行国家建构，因此，对于大多数发展中国家来说，强化国家制度的基础理论应是当务之急，只有这样才能提供只能由政府来承担的那些核心

---

① 可参见李强：《国家能力与国家权力的悖论》，载《中国书评》，1998年2月；《后全能体制下现代国家的构建》，载《战略与管理》，2001年第6期；
② 郁建兴：《治理与国家建构的张力》，载《马克思主义与现实》，2008年第1期。
③ ［美］弗朗西斯·福山：《国家构建：21世纪的国家治理与世界秩序》，黄胜强、许铭原译，中国社会科学出版社2007年版，第1、15—16页。

职能，恰当的国家建构策略应该是保留一些关键性国家职能，向社会放权，同时在适当的国家权力领域强化国家能力，提高国家权力的强度，进而建立一个小而强的国家。①

元治理实际上为我们提供了一条超越传统自由主义和国家主义的对立，进行国家建构的新思路。国家建构与治理体系的发展应该是同一过程，其目标是为了使国家更有效地承担元治理的角色和任务，成为治理体系中的中坚力量，同时促进多中心治理体系的形成并避免治理失败，这意味着国家不再是传统的最高权威，国家的参与会使国家的等级越来越模糊，并实现权力下放，国家将与市场力量、公民社会一起通过彼此之间的伙伴协作来实现治理目标。据此，我们应该重新思考国家建构过程中国家与公民社会、政府权力与公民权利之间的关系问题，概而言之，国家权力与公民权利之间应该是相互形塑的过程，一方面，"没有一个强有力的政府，公民就不能享有任何权利"②，同时，国家必须对社会放权恰恰说明公民权利对于国家建构的重要性，而且公民权利具有规范国家权力的作用。亨廷顿曾将政治现代化分为两个阶段，第一阶段需要解决的问题是"集中必要的权力以造成传统的社会和经济的变革"，接着是在"该体制中扩大权力，以吸收新近动员起来的参政团体，从而创立一个现代体制。这是当今世界现代化中国家面临的首要挑战。在此后一阶段，该体制就面临参政团体进一步要求分散权力并在各团体与机构之间确立相互制约的制度"③。在亨廷顿看来，随着现代化的推进，国家应该授予公民和社会团体以特定的权利，以对国家权力的专横形成有效制约，主要表现为国家的专断性权力逐渐减少，社会

---

① 郁建兴：《治理与国家建构的张力》，载《马克思主义与现实》，2008 年第 1 期。
② 王绍光：《分权的底线》，载《战略与管理》，1995 年第 4 期。
③ ［美］塞缪尔·P. 亨廷顿：《变化社会中的政治秩序》，王冠华、刘为等译，生活·读书·新知三联书店 1989 年版，第 132 页。

呈现出分权的动态过程。而且与国家专断性权力削弱相连的恰恰是国家基础性权力（国家能力）的提升，"有限政府也许会比无限政府更强有力。制约可能是力量的渊源，这并非自相矛盾，而是一种充满悖论的洞见。……一部自由主义宪法通过限制政府官员的专断权力，可能在适当条件下增加国家解决特定问题以及为了共同目标而动员集体资源的能力"①。因此，规范和约束国家权力，不仅是国家建构的要求，也是治理体系发展的要求，因为无论是公民社会与市场力量的培育，还是国家与公民社会之间的协作对话都应该以国家权力的规范为前提和条件。就此而言，当代中国现代国家建构面临的任务是双重的，即"在缩小国家权力范围的同时增强国家的能力，在限制国家专断权力的基础上强化国家提供公共产品的能力，或者，换句话说，在解构全能主义国家（de-totalization）的同时实现现代国家的构建（state building）"②。

---

① Stephen Holmes, *Passions and Constraint: On the Theory of Liberal Democracy*, Chicago: University of Chicago Press, 1995, p. xi. 参见李强：《宪政自由主义与国家构建》，见王焱编：《宪政主义与现代国家》，生活·读书·新知三联书店 2003 年版。

② 李强：《自由主义与现代国家》，见陈祖为等编：《政治理论在中国》，牛津大学出版社 2001 年版，第 166 页。

财政社会学传播与民国财政民主思想的兴起

任晓兰*

【摘　要】 财政社会学注重研究财政与整个社会内部各子系统的相互关系，民国学者已经开始介绍并传播着来自西方的财政社会学思想，在国家与财政关系的问题上，对国家主义财政学说、个人主义财政学说、社会主义财政学说和民生主义财政学说做了区分，并在财政民主监督的问题上，达成了共识。

【关键词】 民国　财政　国家　财政社会学

思想家如何理解人与国家的关系，也就如何理解社会政治生活，而"财政为公共经济，意即为公共团体之经济；但公共团体之最完整的形态则为国家，故财政之最重要的表现，亦为国家之经济，但国家并非自天而降，乃经过历史的发展过程，始得形成；于是那国家的财政，亦非一开始即呈完满的形态，乃随国家的形成而形成，随国家的发展而发展；国家与财政实有不可分离之关系。财政与国家，亦有形影相随之步趋。但国家的形成，是一个现象，是一个事

---

*　任晓兰（1978—），女，法学博士，政治学博士后，天津财经大学法学院副教授，硕士生导师。

基金项目：本文系教育部人文社会科学研究青年基金项目《财政预算与中国的现代国家建构》（编号：13YJCZH146）阶段性成果。

实；而人们对此现象与事实，却有思维上的观察与说明，那便形成哲人对于国家的学说。这些学说，对于财政的经纬亦不无重大的影响"①。由于近代以来带有公共性的财政预算机制的萌生是以政府财政困窘为时代背景的，无论是清末新政还是国民政府的战争支出都急需大量的财政支持，这使得如何理解纳税人与国家之间的关系，就成为了思想界无法回避的问题。

一、民国时期西方财政社会学的传播

财政社会学注重研究财政与整个社会内部各子系统的相互关系，以及财政收支体系的内在联系，而以马斯格雷夫为代表的主流财政学者是把这些关系割裂开来加以认识的，公共产品的交易机制在其视野中也消失了，因而无论在中国还是在西方，财政学研究都不同程度地陷入困境。相比之下，财政社会学致力于通过对税收和预算制度变革的研究，探求推进现代国家的建构和政治文明进步的途径，为财政学研究开辟了新境界。②

民国时期，很多学者开始涉猎西方财政社会学理论，而且他们已经很鲜明地提出了财政社会学对于传统财政理论取代的趋势，所谓"既成财政学理论既不能解决战后财政之事实，代之而起者为新兴财政学，此种财政学亦称为财政社会学，此种财政学成为社会与国家真正之姿态，由财政现象与社会机构本质的关联之理解上，构成财政学学理之体系"③。

张白衣翻译了大量财政社会学的著作和论文，他认为："财政学

---

① 周伯棣：《国家与财政》，载《新中华》，1949 年第 12 卷第 8 期。
② 李炜光、任晓兰：《财政社会学源流与我国当代财政学的发展》，载《财政研究》，2013 年第 7 期。
③ 安泰春夫：《国家信用原理》，张白衣译，载《财政评论》，1947 年第 16 卷第 6 期。

需要新的构想,是一致承认的。产生这种要求的直接原因,一言以蔽之,是由于财政对国民经济与国民生活比重的增大,对于一国经济构成的作用与国民生活一般上,自然具有密切的关联。总之,这可称之为财政对国民经济积极性的参与。"① 而且,民国学者意识到,随着财政学理论的发展,西方学者也开始对传统意义上的财政学做出了反思,"租税就本质上,乃国家或共同机构基于主权之运用,强制的人民之购买力转移于政府之手,与此转移间,共影响于国民经济者,至深且远。一国租税制度之良策,关系全般国民经济之荣枯,故当创制租税法规时,除财政之目的外,其他社会方面,经济方面之影响,不能不深加考虑,此为自明之理。"②

因而,传统财政学理论的发展却存在着瑕疵。"财政学之成为收入论者,乃由于历史的社会的理由,这在十九世纪之初英国经济学与德国经济学发生交流,德国财政学也蒙受其影响,尤其是德国财政学在科学的体系的构成上,踏上崎岖之路了。"③ 正是在这个意义上,"近时各国的财政构造,与从前的不同。由于财政意义的变化,其本身必须要新的财政理论。在现实经济生活上,国家与财政的地位,比之以前,已经起了甚大的差别。主要的原因是由于国民经济生活上财政猛烈地前进,国家与经济间愈趋于紧密的结合,于是对财政愈感有新的兴趣。在今日,财政的运用往往可以左右一国的运命,这是充分能证明了财政本质的变化,在此种变化上不得不有新的构想。"④

---

① 永田青:《财政学的新构想》,张白衣译,载《财政评论》,1940年第3卷第4期。
② 归鉴明:《论社会政策之财政思想》,载《青年之声》,1941年第3卷第2期、第3期。
③ 安泰春夫:《新兴财政学论》,张白衣译,载《财政评论》,1940年第1期。
④ 永田青:《财政学的新构想》,张白衣译,载《财政评论》,1940年第3卷第4期。

根据近代的财政社会学,"纵令能够明了财政学上社会关联的事实,但犹不能满足此种扩充的方向,财政本来是由政治关系所表现的经济现象,所以第一个方向能够由政治关系的研究而完成理论的发展,那是不能否定的事实。尤其是此种政治关系的问题,长期间地被束诸高阁,真是一件神秘的事情。然而仅以政治的社会关系的说明,还欠充分。在这里,重要之点是在这社会关系中所含的经济上的问题。即财政是以其特殊对象中所含的经济问题为前提。如果不能明了其经济的本质与意义,则不能由以前政治与经济分离状态中脱离。财政,应该解释为国民经济的内在问题,如果在此组织中发现财政的立场,那么财政学就可获得新的出发点。总而言之,财政学的新构想是要求财政对经济社会学尽量的扩充"①。

进而,学者还列举了财政对于社会生活的影响诸方面,所谓"财政对国民经济的关联的形态有如下列数端:一、国家为获得其行政费的货币资本,借着租税,关税,社会保险费等巨大的公共租税公共赋课,在经济的各种部门上发生经济上的循环过程。即社会的生产物中大部分通过国家机构,从这一点来看,就可知财政对经济循环过程是具有密切的关联;二、国家经过广泛企业活动进入生产过程,给予积极的影响。其首要问题是国家的独占事业。然因为尚有国家资本的参加与辅助金制度,对于多数的企业经营握有支配的势力,这样对多数企业的经济的发展,具有密切的作用;三、在国家的任务非常膨胀,以及其经济的活动范围广泛的今日,国民所得的大部分是经财政处理过程而生出。俸给,工资及一切的年金,在其性质上大部分是出现于消费市场,其力量之大,远出于一般的想象。又物件费直接对于商品市场尤其是生产市场具有密切的关联;

---

① 永田青:《财政学的新构想》,张白衣译,载《财政评论》,1940年第3卷第4期。

四、财政在其运用上有种种方法联系于信用经济。财政为补充临时的不足额,第一必须求之于短期金融市场。同时又以暂时国库盈余金及基金投于金融市场。尤为筹划巨量的资金,财政就不得不介入于资本市场"①。

此后,越来越多的民国学者对财政社会学理论加以阐释和接受,归鉴明曾撰文指出,"一国一时之财政现象,绝非凭空而来,实与当时之政治环境,经济情况,无不相互照应,故事实上纯粹之财政现象,绝无其事,财政现象具有历史性及现实性,已为不可否认之事实"②。正是在这个意义上,财政社会学呼之欲出,所谓"理论与思想尚未完全变化。所谓财政社会学之财政学虽谓已经兴起,可视技术的,财务行政论的既成财政学的一切尚未完全没落。科学的财政社会学是要以哲学的社会学的构造的姿态出现,其立场也须改变,但技术的,记述的部分的存在,倒是财政学上所尽的实际的机能"③。"财政社会学是由补充财政学理论的贫困而出发。由于财政与国家,势力,支配,阶级关系之间所构成的种种关联上来看,财政学理论的重建,是可能的。关于引发此种理论的方法,诚如今日一般人所承认的,的确是一种斗争的,革命的。然而仅以社会关系来作为问题,也已经有了许多政治的关系,所以此种理论,乃是从政治社会学立场所出发的财政学。"④

---

① 永田青:《财政学的新构想》,张白衣译,载《财政评论》,1940 年第 3 卷第 4 期。

② 归鉴明:《论社会政策之财政思想》,载《青年之声》,1941 年第 3 卷第 2 期、第 3 期。

③ 安泰春夫:《新兴财政学论》,张白衣译,载《财政评论》,1940 年第 1 期。

④ 永田青:《财政学的新构想》,张白衣译,载《财政评论》,1940 年第 3 卷第 4 期。

二、民国学者对于财政与国家关系的认识

中国的财政预算制度的现代化肇始于清末,开拓于民国,1911年的预算案,意味着中国第一次有了制约皇室财权的制度。自清末新政以来,有识之士一直在探索预算制度的建设之路,思想界对于预算本质的理解也逐渐超出了经济领域而进入了政治领域。

在民国学者柯炽看来,"财政的主体是政治团体,现代各种政治团体中占最高地位的是国家,在国家之下的民主政体,则是派生的,受国家权利的委让而存立的各种地方公共团体。政治团体的本质,决定财政的本质,而政治团体中国家的本质,又决定其他地方公共团体的本质,所以对于国家的了解,是一切财政认识的出发点。"① 在此基础上,他将财政与国家观的关系,归纳为"国家主义及法律学家的国家财政理念"、"个人主义的国家财政学说"、"社会主义者的国家财政学说"和"民生主义的国家财政理念"四种类型。

持国家主义及法律学家的国家财政理念的学者,是"以为国家是一个具备种种器官的生物,个人对于国家的关系,正如有机体中各个器官和组织对于整个结构的关系一样",而"在财政学者中,粟夫勒是极端主张有机体说者,他认为国家财政不过是国民经济的一部分,两者都有生存的必然性,而且有最小的生产程度,至于华格纳亦将国家作有机体的历史的解释,认为国家不是人类的自由创造,也不能任意废止,他是人类社会生活上最高的形式,与不可缺的要件,财政就是由国家生活上的必要自然产生的"。此种学说推论到租税的根据论,"即是租税的牺牲说,德国财政学者候伯格则称它为义务说,以纳税为国民绝对的义务,无论纳税后个人从国家享受何种权利与否,个人不得过问,亦不必过问,国

---

① 柯炽:《民生主义国家财政本质论发凡》,载《经建季刊》,1947年第3期。

家是一个超然的生活实体,得依靠它的意志强制征收其共同生活所需的各种财货,此说在过去足为神圣的王权辩护,演变至现代,则于国家底'强制'的特性解释上,不无相当的理由,现代学者即有以'强制共同经济组织',来观察国家及财政者,而租税最能发挥'强制共同经济组织'的本质"①。也就是说,国家财政理念的学者,过分地强调了国家对于民众租税进行强占的正当性,是一种整体主义思想的反映。

与国家财政理念不同的,是个人主义的国家财政学说,"他们的主要武器,便是契约说的国家论,以及以此为根据的种种财政及租税的学说。用以解释国家的起源的契约说,却在思想史上以及现代尚有相当的势力,他们以为统治者与被统治者间,有一种默认的合同,两者都有一种交互的义务,统治者的义务,在保护人民的权利,被治者的义务,即为许多私人权益的让与,主要的就是财政上的负担。"但是,这种个人主义的国家财政说在风靡一时之后也遭遇了瓶颈,因为"富者自有维护的能力,无烦国家费力,贫者所赖于国家者较多,反应多纳租税。且当国家受外敌侵凌之时,反可以国家保护力的微弱为借口而拒纳租税。再人民的受益如何度量,国家的勤劳费用应如何分摊,都为使人茫然的问题,不过这些都是枝节的谬误,根本的问题,还在作为基础理论的契约说的崩溃"。此后,持这一观点的学者"放弃国家论的探索,试行财政现象的解释",比如"现代德国学者盖洛夫说:'公共的财政,是为着获得并准备拿公共的物质及非物质的主义上所必要的手段,而行施的方法行为,及设施的总称,其目的即是在经过国家的劳务,而求公共欲望的满足。'这种论调,拥有最大多数的学者的追从。但是在现代资本主义的内在矛盾显著地暴露的

---

① 柯炽:《民生主义国家财政本质论发凡》,载《经建季刊》,1947年第3期。

时候，它却遭遇了铁的事实的强力反击"①。

持社会主义者的国家财政学说的学者，坚信阶级理论，认为"当地主阶级掌握政权时，要减轻田赋的负担，增加营业税，当商工业阶级掌握政权时则有相反的主张：在无产阶级或平民当权时，则有财产税的超额累进及关税消费税的废止的呼声。人们总想掠夺其他阶级以自肥"，而且"统治者阶级建立起特殊的公共强制力维持社会秩序，为着维持这个公共权力，租税就成为必要，但因文明的进步，租税不复能应付公共支出，于是国家更进而发展公债"。可以说，"马克思派展开犀利的视线，深入事象的内面，粉碎了个人主义者皮相的，不真确的认识，对于资本主义财政制度的理解上，殊有其伟大的价值"②。

持民生主义的国家财政理念的学者，强调了国家在公共服务方面的重要责任，认为国家在"经济的职能，限于消费方面——一、应以租税为重新分配国民财富的手段，二、调节物价——政治的职能是关于支配社会内人与人之间共通事物的政治活动，如结婚，保护儿童，防止犯罪等。调整的职能是消除各社团间争端的职能，国家的经济职能应扩充于生产力方面，而调整的职能亦应大大的增强。换言之，国家应实现分配上的正义，并求社会生产力以最高的速率增进"，"分配上的正义的实现，及物质生产力的增进，是分途并进，不可偏废的条件，财政制度即是一个执行此种职能的最有力的工具"③。可以说，正是对于财政与国家关系认识的不断深化，催生了近代意义上的财政民主思想。

---

① 柯炽：《民生主义国家财政本质论发凡》，载《经建季刊》，1947年第3期。
② 柯炽：《民生主义国家财政本质论发凡》，载《经建季刊》，1947年第3期。
③ 柯炽：《民生主义国家财政本质论发凡》，载《经建季刊》，1947年第3期。

三、民国时期财政民主思想的兴起

南京国民政府成立后，一方面详细制定了预算编制，另一方面也积极督促决算的施行。各级政府的年度预算以立法机关审议后的年度预算为参考，同时这也是监察机关监督政府财政的主要凭据，使得民国时期的预决算制度初具法制性与民主性。与此相一致，思想界关于财政预算的理解，也更加深刻。

这一时期已经有学者认识到一国政府的施政方略完全可以通过其预算图表一目了然，"预算上经费之增减，亦可以窥见政治之真状。军务债券充塞，则汲汲于武力可知；反之，军费减少，则其政府必醉心和平明矣"①。蔡祖廉认为"所谓预算，即公共团体对于次会计年度根据施政方针推动其使命及任务，所需财用之预估数字经立法程序而公布执行的。预算为预计之财政收支计划书，且为行政上之法案，即是这个缘故。同时预算又是国家会计之张本，国家在一定期间内收入与支出之运用与统制，若非事先有详细之根据，则全国经济之统制，将会失其枢纽。盖因预算为财政政策之具体表现，一国预算之编审执行，苟非完善，必致影响一国之庶政。"② 同时，学者还认识到了预算对于一国政治经济发展的重要意义，"国家的预算，常是一国一年中行事的预定表，也是一国经济的缩写图，由国家的预算中，我们可以看见一国这一年中所走的方向，也可以窥见一国经济的大势"③。

而且在思想界，已有越来越多的学者明确提出了预算不仅仅是一种经济问题，它更有其政治上的意义，如曾浩春指出"国家之有

---

① 曾浩春：《预算的政治性质》，载《东方杂志》，1931 年第 14 期。
② 蔡祖廉：《我国国家预算制度之检讨》，载《福建省银行季刊》，1946 年第 2 卷第 2 期。
③ 符彪：《民国二十六年度国家预算的剖视》，载《东方杂志》，1937 年第 15 期。

预算，盖以确定财政之数额，而调剂收支之均衡"，而"预算于财政性质外，更有其他政治意义存在"，"在现代国家，当讨论预算时，其大部分工作，皆为对于政府政治上设施之质问"，并认为"现代文明国家，莫不以政治之安定，财政之充裕，必赖乎预算。盖必定期预先推定国家出纳，而后能有条不紊，政事应时而举，岁入以时征收，岁出及时支付"，"故谋国而不先谈预算，实未免陷于弃本逐末，隔靴搔痒之弊也。"①还有学者强调尊重预算的重要性，指出"政府须尊重预算制度：知其为良好制度也，而不予以尊重，则全国决定之约法宪法，将不可用，况区区之预算制度乎？故良好之预算制度虽备，若不知尊重，而予以实行，则一纸空文，无济于事。故预算编成后，经费如何支出，某项费用，如何分配，皆宜按照预算以进行，预算之外，除非有重大用途或积极之行政，自不得率请追加，预算科目，亦本会计法编用，不得滥支滥分，以费财流。故唯有实行之决心者，唯能收极大之效果也。"②还有学者强调财政预算公开的重要性，指出："各国盛唱财政公开，以为治国理财之要道。诚以财政公开，则可表白政府之责任，免除人民之无谓抨击，而坚结其信赖。国家财政设施。既有预算案之规定。而预算案内之各项收支额数，经过人民代表机关之议定，于执行前明白公布于众。收支两方之适当与否，一任人民评判，发为舆论，予财政当局以注意。弊既绝，责任亦明矣。"③并认为唯有如此，才能建立起国家信用，所谓"一国财政之健全与否，全视其信用之优劣以为断。国家如缺乏信用，不但不能取得人民之信仰，且将失去他国之同情。倘欲募债以供应临时之要需，势必极感困难。如政府具有决心，于执行预算

---

① 董修甲：《我国市预算问题》，载《东方杂志》，1935 第 19 期。
② 田生兰：《预算制度与财政》，载《青海评论》，1935 年。
③ 楼桐孙：《预算之作用及我国编制预算机关之商榷》，载《经理月刊》，1935 年第 1 卷第 6 期。

时，遵照预算所定数额切实开支，不使超然，则收支可免浮短，国家信用斯能优越。一旦遭财政困难之时，政府无论举借内外债以图补救，不致发生障碍。我国国家多故，政府机关每多未能按期编制预算。即有编制，亦鲜能实施。因循玩忽，弊窦发生，致使国家信用不固，无形中蒙受甚大之损失。所以预算之编制与实施，宜由政府鼓励推行，以奠国家信用之基"①。可以说，近代财政学者已经不再限于把预算仅仅理解为一国政府在每个财政年度内全部财政收入和支出的计划的经济行为，他们已经对预算法制与民主制度之间紧密的内在关联有了敏锐的体察与深切的洞见。

与此同时，民国学者也论证了只有国家民主才能实现财政上的民主，正所谓，"财政为政治之一部门，政治形态是专制的，财政也必然是专制的；政治形态是民主的，财政也必然是民主的。专制的财政，大都为满足统治者个人的支配欲，为统治者个人及其僚属所独断的财政；民主的财政，是为人民谋利益，为人民及其选择的公仆所管理与执行的财政；前者为统治阶级压榨被统治阶级之强制手段，后者为人民自愿出钱，并选举经理人员执行人民公意决议的事务之公共经济手段。无疑地，一个国家的财政制度，是否合理而健全，其财政的效果，是否能促进人民的利益，就要看这一国家的政治形态如何以为断"②。

在分析民国时期财政紊乱的原因时，学者也曾经把症结归因于中国民众没有财政监督之权。所谓"我国素为专制国，人民无监督财政之权。苟不量入为出，则将违反'节用''薄税敛'之天经地义，而百姓恐负担不堪。反之立宪国之预算，必须为国会所通过。

---

① 楼桐孙：《预算之作用及我国编制预算机关之商榷》，载《经理月刊》，1935 年第 1 卷第 6 期。

② 黄宪章：《论财政的专制主义与民主主义》，载《四川经济季刊》，1945 年第 2 卷第 1 期。

政府之收入，为全国谋利益。取之于民者，仍用之于民。自无'苛政猛于虎'之怨言。此政治之情形不同，而财政制度，亦因之而不同也。虽然，人民监督财政之权，较银行制度之发达，更形重要。盖政府之支出，苟无人监督，则量出为入之祸，不知伊于胡底，证以中国之现状，即显然矣。近世之财政，量出为入，以国民有监督之权，故不足为害。今中国国民，既无监督财政之权，当遵照旧思想量入为出，以图节省经费，今则不然，财政焉得而不紊乱"①。

此后，又不断有学者撰文指出财政监督的重要性，如崔敬伯指出："人民对于政府的关系，最原始而最重要的，只有两件事：'打官司'和'纳税'。试看我们数千年的国史，无论哪一个朝代，如果走到'残害无辜'、'横征暴敛'的阶段，便非灭亡不可。同时起而代之的新朝，则无不以'省刑罚'、'薄税敛'为开国第一要政"，而且"这种财政监督权，最初仅注意于岁入。所谓'任何课税，都要得到人民代表的许可'，所谓不出代之义士，不纳租税，其主要目的，只求不受统治者的非法诛求，其事属于消极的性质。然而课税以后，如何动用，如无人民代表的监督，统治者仍可任所欲为，毕竟不是合理的办法。于是对于岁出方面，施行同样的监督，政府虽分文的支出，亦须得到人民代表的许可，才能完成立宪国家所称之'预算特权'。"②正所谓，"民主政治之运用，实以预算制度为核心，国家一切施政计划，皆必透过预算，而表达于议政之立法人员，取得其协赞，而后付之实施。代民议政者，不必亲预一切政务，而经由预算之审议与议决，以听取执政者之意见，明了政治实况，从而表示其意见，作种种决定，以制约执政者之行为，而主持国是。一国而无预算制度，固不足以语民主政治，虽有预算制度，而无健全

---

① 赵文锐：《中国财政紊乱之原因》，载《东方杂志》，1927年第6号。
② 崔敬伯：《制宪与财政监督》，载《经济科学》，1934年第1期。

之预算制度，仍不足语民主政治也"①。而且，"政治如能民主化，则特权自不能存在，特权如不存在，则财政自可公开。财政而能公开，则不致多编军队，军队如不多编，则军费不致庞大，则预决算必可平衡。预决算必可平衡，则发行必可减少。发行如可减少，则币值必可稳定。币值如可稳定，则物价必可平抑，则国民经济，必可改观，建国事业，当亦随之进步，国人昔之疾首蹙额者，今且欢欣鼓舞之不暇。回朕车以覆路，及行之未远，吾人当馨香祷祝以求之"②。

世界上任何国家都无一例外地把关乎国计民生的预算，置于一定的外在权力监督之下，"预算过程影响着政府的行政与立法机构之间和内部，以及政府与公众（既可以是个人也可以是有组织的利益）之间的权力分配"③，因而预算的编制者、执行者和预算的审批者、监督者不能是同一个主体。正如布坎南所说："对统治者的控制，一直是通过对征税权的约束来实现的"，"如果对收入的用途没有约束，收入就变得等同于政府决策者的私人收入。"④ 民国时期已经有更多的学者论及立法权与行政权的相互监督与制衡的问题，如诸青来指出，"各国当局治理财政，未有不遵严重之法规，受他机关之监督，懔懔然唯恐稍有僭越者"，因为"权之所在，即弊之所伏。纵使执政清白乃心，出纳并无浮滥，取于民之方术不同，则其得失利害之间，

---

① 马大英：《宪法中之预算制度》，载《政衡》，1948年第3卷第3期。
② 闵天培：《预算决算之公开》，载《东方杂志》，1947年第1期。
③ [美] 爱伦·鲁宾：《公共预算中的政治：收入与支出、借贷与平衡》，叶娟丽、马骏等译，中国人民大学出版社2001年版，第88页。
④ [美] 布坎南：《宪政经济学》，中国社会科学出版社2003年版，第10页。徐百齐：《中华民国法规大全（三）》，商务印书馆1936年版，第26—47页。董修甲：《我国市预算问题》，载《东方杂志》，1935第19期。曾浩春：《预算的政治性质》，载《东方杂志》，1931第14期。[德] 马克斯·韦伯：《经济与社会（上卷）》，林荣远译，商务印书馆1997年版，第81页。

必须广益集思,藉察民意所在"①。

"预算可以在一份文件中向公民提供他们政府的缩影,揭示每一个部门及其官员的责任和支出。通过向公民提供必要的确保他们选送的代表可信赖的信息,预算可以以一种受党派控制的选举政治做不到的方式将他们限制在现代政府中。"② 通过财政预算的控制来约束政府权力,以议会对于预算的决定权来制约行政机关对于预算的创制权,实现权力制约,是财政社会学影响下,思想家对于国家政治生活的设计所做出的重要理论贡献。

---

① 诸青来:《二十年来之国家财政》,载《东方杂志》,1931第19期。
② [美]乔纳森·卡恩:《预算民主——美国的国家建设和公民权(1890—1928)》,叶丽娟等译,上海格致出版社2008年版,第92页。

"中央一号文件"与农村基层治理政策调整

陈少艺*

【摘 要】 农村基层治理是中国"三农"的核心问题之一,也是整个国家治理体系的重要组成部分。20世纪80年代后的"中央一号文件"对农村基层治理内容的变动主要体现在对农村基层党组织和乡村治理政策的调整。这一系列的政策调整对提升农村基层治理能力和推进农村基层治理现代化具有重要的作用,但是,政策调整也存在一些不足或过于绝对化倾向。这既给后人留下宝贵经验,也给予我们深刻启示。今后,"中央一号文件"的内容要正视中国农村基层治理存在的问题,坚决废除与现行法律相悖的政策,及时修正不合时宜、不具有可行性或过于绝对化的政策。

【关键词】 中央一号文件 农村基层治理 政策调整 经验启示

---

* 陈少艺,复旦大学政党建设与国家发展研究中心博士后,中共沈阳市委党校讲师。

基金项目:"中央一号文件",原指中共中央每年下发的第一份文件,文件每年都是从一号开始依次往下计数,编号便于相关部门处理这些文件。"中央一号文件"现专指关于"三农"工作的文件,旨在希望各级党委政府切实重视"三农"问题,执行中央的政策。一般情况下,发布的时间是每年召开"中央农村工作会议"时,征求与会者的意见后,在年底最后一天或年初某一天公布。截至2015年初,涉农的"中央一号文件",共印发了17个,其中1982—1986年有5个,2004—2015年有12个。

中共十八届三中全会公报指出："全面深化改革的总目标是完善和发展中国特色社会主义制度，推进国家治理体系和治理能力现代化。"公报所说的国家治理体系，是指在坚持中国共产党领导的前提下，政府、社会团体和公民共同管理国家的制度体系，包括国家治理和社会治理。国家治理能力，是指各级党委和政府运用法律、规章制度协调社会各方面力量来共同管理国家和社会各方面事务的能力。农村基层治理是以民主选举、民主决策、民主管理和民主监督为核心的村民自治制度，村民自治属于社会治理的范畴，是国家治理体系的重要组成部分。本文所探讨的农村基层治理主要包括农村基层党组织建设和乡村治理两个方面。历年"中央一号文件"对这两方面的政策调整对当前搞好农村基层党组织建设和创新乡村治理具有重要探索和指导意义。

一、农村基层治理政策调整的历史背景

20世纪80年代，中国农村还处于"政社合一"体制瓦解和农村村民自治制度尚未正式确立，农村的民主政治和乡村治理尚在摸索的阶段。农村的各项农业税费是广大农民的沉重负担。那时，农村基层组织的主要任务是收取各项农业税费、"三提五统"① 以及执行计划生育政策，农村干群关系日益恶化。

进入21世纪以来，农村的政治环境发生了较大变化：一方面，1998年，修订后的《村民委员会组织法》正式颁布实施，尔后，中国广大农村地区开始进入村民自治的新阶段；另一方面，2006年，"中央一号文件"宣布取消农业税，乡镇政权和村委会的职能发生了

---

① "三提五统"是指村的三项提留和乡的五项统筹。"村提留"是指从农民生产收入中提取公积金、公益金和管理费这三项费用，用于村一级兴办公益事业和日常管理开支费用的总称。"乡统筹"是指乡（镇）向农户收取的农村教育事业附加费、计划生育、优抚、民兵训练、修建乡村道路等五项事业性收费。

很大改变,乡镇政权开始丧失了收税职能,乡镇财政状况出现危机,村委会执行收税的任务也随之终止。随后,农村基层党组织建设和乡村治理出现了新情况和新变化,因此,历年"中央一号文件"的内容基本上涵盖了农村基层治理方面的政策,而且每年均有不同程度的变动。

二、"中央一号文件"关于农村基层党组织的政策变动

20世纪80年代以来,"中央一号文件"关于农村基层党组织的政策变动大致有如下几个方面。

(一)关于农村基层党组织的地位和作用的表述日益全面

农村人民公社解体后,出现了农村基层党组织涣散的情况。因此,1982年"中央一号文件"对农村基层党组织的地位和作用的表述是"党的农村基层组织是团结广大群众前进的核心和战斗堡垒"[1]。进入21世纪后,广大农村地区普遍实行村民自治,党组织的地位和作用面临新的挑战,于是2005年"中央一号文件"提出要"增强农村基层党组织的创造力、凝聚力和战斗力,充分发挥农村基层党组织的领导核心作用,进一步巩固党在农村的执政基础"[2]。2006年"中央一号文件"则指出要"充分发挥农村基层党组织的领导核心作用,为建设社会主义新农村提供坚强的政治和组织保障"[3]。2013年"中央一号文件"进一步指出要"切实发挥基层党组

---

[1]《中共中央国务院关于"三农"工作的一号文件汇编》,人民出版社2010年版,第18页。

[2]《中共中央国务院关于"三农"工作的一号文件汇编》,人民出版社2010年版,第112页。

[3]《中共中央国务院关于"三农"工作的一号文件汇编》,人民出版社2010年版,第131页。

织战斗堡垒作用,夯实党在农村的执政基础"。2015年"中央一号文件"则强调要"加强以党组织为核心的农村基层组织建设,充分发挥农村基层党组织的战斗堡垒作用,深入整顿软弱涣散基层党组织,不断夯实党在农村基层执政的组织基础"①。可见,文件对农村基层党组织的地位和作用的表述日益完整。

(二) 关于农村基层党的组织建设的政策调整稳中有变

针对农村基层党组织软弱涣散和组织建设滞后的情况,1984年"中央一号文件"强调要加强农村党组织的建设。文件提出"要按照中央的部署,进行整党,纯洁党的组织,发扬党的优良传统,提高党组织的战斗力,改变软弱涣散的状况,带领广大共产党员、共青团员和社会主义建设积极分子,团结亿万农民,为建设社会主义新农村而奋斗"②。1986年"中央一号文件"进一步指出:"一部分村庄,组织涣散、工作无人负责,要采取措施限期改变。"③

进入新世纪以后,农村基层党组织出现"两推一选、公推直选、两票制"等民主实践,因此,2007年"中央一号文件"提出要"加强农村基层组织建设,巩固和发展农村保持共产党员先进性教育活动成果。继续开展农村党的建设'三级联创'活动,选好配强乡村党组织领导班子,加强以村党组织为核心的村级组织配套建设"④。2009年"中央一号文件"则提出要抓好以村党组织为核心的村级组织配套建设,深化农村党的建设"三级联创"活动,创新农村党组

---

① 2015年"中央一号文件"第三部分第20条。
② 《中共中央国务院关于"三农"工作的一号文件汇编》,人民出版社2010年版,第54页。
③ 《中共中央国务院关于"三农"工作的一号文件汇编》,人民出版社2010年版,第78页。
④ 《中共中央国务院关于"三农"工作的一号文件汇编》,人民出版社2010年版,第153—154页。

织设置方式，扩大党在农村的组织覆盖和工作覆盖。同时，文件强调要完善村党组织"两推一选"、村委会直选的制度和办法，着力拓宽农村干部来源，稳步推进高校毕业生到村任职工作，实施一村一名大学生计划，完善长效机制和政策措施。创新培养选拔机制，选优配强村党组织书记。① 紧接着，2010年"中央一号文件"主要有四个方面涉及加强农村党的组织建设：一是推动农村基层党组织工作创新，扩大基层党组织对农村新型组织的覆盖面，推广在农民专业合作社、专业协会、外出务工经商人员相对集中点建立党组织的做法。二是提高村党组织带头人队伍素质，注重从转业退伍军人、务工回乡青年、致富能手等党员中选拔村党组织书记。以明确责任、考核监督、保障服务为重点，加强乡、村党组织领导班子管理，及时调整软弱涣散农村基层党组织班子。三是抓紧落实对长期在基层和艰苦边远地区工作的干部、长期担任县乡党政领导职务的干部实行工资福利倾斜的政策，进一步完善村干部"一定三有"政策，推进从优秀村干部中考录乡镇公务员、选任乡镇领导干部工作。四是继续选聘高校毕业生到村任职，完善下得去、待得住、干得好、流得动的长效机制。②

2011年后，部分省市的农民专业合作社先后建立党组织，但党组织的管理与归属成为难题。因此，2013年"中央一号文件"提出要扩大农村党组织和党的工作覆盖面，加强基层党组织带头人队伍建设。强化村干部"一定三有"政策，健全村级组织运转和基本公共服务经费保障机制。加强农民合作社党建工作，完善组织设置，

---

① 参阅《中共中央国务院关于"三农"工作的一号文件汇编》，人民出版社2010年版，第197页。
② 参阅《中共中央国务院关于"三农"工作的一号文件汇编》，人民出版社2010年版，第216—217页。

理顺隶属关系，探索功能定位。① 2014年"中央一号文件"进一步指出要深入开展党的群众路线教育实践活动，推动农村基层服务型党组织建设。进一步加强农民合作社、专业技术协会等的党建工作，创新和完善组织设置，理顺隶属关系。② 该文件还再次提及要提升村干部"一定三有"保障水平。2015年"中央一号文件"则提出要创新和完善农村基层党组织设置，扩大组织覆盖和工作覆盖。③ 显然，历年文件对农村基层党组织建设的政策都作了不同程度的微调，以适应不断变化的农村现状。

（三）关于农村基层党组织的思想和作风建设的政策调整逐步深化

实行家庭联产承包责任制后，部分乡村党员干部出现以权谋私和作风不正的现象。有鉴于此，1982年"中央一号文件"指出："欲正民风，必先正党风"。"对那些精神不振、作风不正的党员和干部，必须进行教育和批评。在思想政治教育的基础上，健全党课制度和民主生活制度，把农村支部建设好，使基层支部真正成为坚强的战斗核心，以保证党对政权组织、经济组织和群众团体的领导，保证各项工作任务的完成"。④ 1986年"中央一号文件"进一步指出："对于少数以权谋私，采取不法手段牟取暴利的干部、党员，要分别情况，严肃处理。通过整党加强农村党的建设，发挥基层党组织在农村物质文明和精神文明建设中的战斗堡垒作用，建立经常的

---

① 2013年"中央一号文件"第七部分第1条。
② 2014年"中央一号文件"第八部分第31条。
③ 2015年"中央一号文件"第三部分第20条。
④ 《中共中央国务院关于"三农"工作的一号文件汇编》，人民出版社2010年版，第18页。

思想政治工作,树立社会主义的道德风尚。"①

21世纪初期,针对农村党员干部素质低下,在群众中的形象较差的现象。2005年"中央一号文件"强调要加强农村党建工作。文件指出:"加大农村党员干部的教育培训力度,扩大农村党员干部远程教育试点,增强他们为民服务、廉洁自律的意识,转变作风,提高执行政策、依法办事、发展经济、维护稳定的能力,树立基层干部的良好形象"。2006年"中央一号文件"则提出"要以建设社会主义新农村为主题,在全国农村深入开展保持共产党员先进性教育活动,引导广大农村党员学习贯彻党章,坚定理想信念,坚持党的宗旨"②。2007年"中央一号文件"指出要"加强农村基层党风廉政建设,增强农村基层党组织的创造力、凝聚力、战斗力"③。2009年"中央一号文件"再次指出:"加强农村党风廉政建设,抓好党的农村政策贯彻落实情况的监督检查,认真解决损害农民利益的突出问题。"④ 随后的2010年"中央一号文件"则首次提出要创新完善农村流动党员教育管理服务制度,切实加强农民工中党的工作。同时,文件又强调要"深入开展党性党风党纪教育,加强农村基层党风廉政建设"⑤。中共十八大后,在中央加大反腐力度的背景下。2013年"中央一号文件"提出要"加强农村党风廉政建设,强化农村基层

---

① 《中共中央国务院关于"三农"工作的一号文件汇编》,人民出版社2010年版,第78页。
② 《中共中央国务院关于"三农"工作的一号文件汇编》,人民出版社2010年版,第131页。
③ 《中共中央国务院关于"三农"工作的一号文件汇编》,人民出版社2010年版,第153—154页。
④ 《中共中央国务院关于"三农"工作的一号文件汇编》,人民出版社2010年版,第197页。
⑤ 《中共中央国务院关于"三农"工作的一号文件汇编》,人民出版社2010年版,第217页。

干部教育、管理和监督，开展集中查办和预防涉农惠农领域贪污贿赂等职务犯罪专项工作，坚决查处发生在农民身边的腐败问题"①。2014年"中央一号文件"进一步指出："加强农村党风廉政建设，强化农村基层干部教育管理和监督，改进农村基层干部作风，坚决查处和纠正涉农领域侵害群众利益的腐败问题和加重农民负担行为。"② 由此可见，为了重塑基层党员干部在群众中的形象，"一号文件"对农村基层党组织的思想和作风建设的内容逐年深化和细化。

三、"中央一号文件"关于乡村治理的政策变动

（一）逐步完善村务公开制度，推进农村基层民主有序发展

自1998年11月，以民主选举、民主管理、民主决策和民主监督为核心的村民自治制度正式实施以来，农村民主政治取得可喜的成效。然而，民主管理无法落实，村务公开流于形式。这种现象越来越成为农村民主政治发展的障碍。有鉴于此，2005年"中央一号文件"提出要"扩大农村基层民主，完善村务公开、政务公开和民主管理，建立健全村党组织领导的充满活力的村民自治机制，切实维护农民的民主权利"③。2006年"中央一号文件"则指出："进一步完善村务公开和民主议事制度，让农民群众真正享有知情权、参与权、管理权、监督权。"2010年"中央一号文件"进一步指出要加强农村集体资金、资产、资源管理，推进村务公开和民主管理"难点村"治理。还提出要"总结各地实践经验，因地制宜推广本村重大事项由村党支部提议、支委会和村委会联席会议商议、全村

---

① 2013年"中央一号文件"第七部分第1条。
② 2014年"中央一号文件"第八部分第31条。
③ 《中共中央国务院关于"三农"工作的一号文件汇编》，人民出版社2010年版，第112页。

党员大会审议、村民代表会议或村民会议决议,以及决议公开、实施结果公开等做法。2013年"中央一号文件"提出要进一步健全村党组织领导的充满活力的村民自治机制,继续推广"四议两公开"等工作法。文件指出:"充分发挥村务监督委员会作用,逐步建立责权明晰、衔接配套、运转有效的村级民主监督机制。不断完善村务公开民主管理,以县(市、区)为单位统一公开目录和时间,丰富公开内容,规范公开程序,实现村务公开由事后公开向事前、事中延伸。深入推进乡镇政务公开,推行乡镇财政预算、公共资源配置、重大建设项目、社会公益事业等领域的信息公开。"① 2014年"中央一号文件"更进一步指出要深入推进村务公开、政务公开和党务公开,实现村民自治制度化和规范化。②

(二)努力加强农村基层民主政治建设,完善乡村治理机制

20多年来,村民自治在实践中出现了一些问题,有的是顶层设计不合理造成的,有的是在实际操作中人为造成的。例如:民主选举演变成宗族或派系争夺农村主导权的战场,贿选现象普遍,村民自治异化为村委会主任或村党支部书记自治,农民利益诉求渠道不畅,农村公共事业发展滞后等情况。因此,2006年"中央一号文件"指出要完善村民"一事一议"制度,健全农民自主筹资筹劳的机制,引导农民自主开展农村公益性设施建设。③ 接着,2007年"中央一号文件"则提出:"拓宽农村社情民意表达渠道,建立健全矛盾纠纷的排查调处机制,综合运用多种手段和办法,妥善解决农

---

① 2013年"中央一号文件"第七部分第2条。
② 2014年"中央一号文件"第八部分第32条。
③ 《中共中央国务院关于"三农"工作的一号文件汇编》,人民出版社2010年版,第131—132页。

村社会的苗头性、倾向性问题。"① 2010年"中央一号文件"提出要进一步完善符合国情的农村基层治理机制。发展和完善党领导的村级民主自治机制，规范村级民主选举、民主决策、民主管理、民主监督程序。文件还强调要"加强对村党支部、村委会换届选举的领导和指导，严肃查处拉票、贿选等行为，确保选举平稳有序，防范和制止利用宗教、宗族等势力干预农村公共事务"②。因农村土地被征用或征收而引发的农民上访情况愈演愈烈，于是2013年"中央一号文件"重提要维护农民群众合法权益。文件指出："坚持党和政府主导，依法维护、统筹兼顾广大农民群众多种利益，畅通和规范诉求表达、利益协调、权益保障渠道，加强农村信访工作，引导群众依法理性维护自身权益。通过人民调解、行政调解、司法调解等有效途径，妥善处理农村各种矛盾纠纷。依法保障外出村民在本村、外来人口在居住村的民主权利和物质利益"③。紧接着，2014年"中央一号文件"提出要"探索不同情况下村民自治的有效实现形式，农村社区建设试点单位和集体土地所有权在村民小组的地方，可开展以社区、村民小组为基本单元的村民自治试点"④。

（三）尽力搞好农村社会治安综合治理，保持农村社会稳定

随着经济的发展，国家对公路、铁路、机场和码头等基础设施建设规模日益加大，国家对农村土地的征用规模也快速增加；地方

---

① 《中共中央国务院关于"三农"工作的一号文件汇编》，人民出版社2010年版，第154页。
② 《中共中央国务院关于"三农"工作的一号文件汇编》，人民出版社2010年版，第217—218页。
③ 2013年"中央一号文件"第七部分第3条。
④ 2014年"中央一号文件"第八部分第32条。

各级政府为了政绩，打着公益用途的旗号，勾结开发商，以低价强征农民赖以生存的土地；村干部违规处置集体资产中饱私囊，怨声载道。各类矛盾交织在一起，农民暴力抗法、越级上访与地方政府"截访"事件层出不穷，农村社会治安状况堪忧。因此，化解矛盾保持农村稳定成为紧迫任务。

2007年"中央一号文件"提到要"深入开展平安农村建设，加强农村警务建设，搞好农村社会治安综合治理，保持农村安定有序。建立农村应急管理体制，提高危机处置能力"。2009年"中央一号文件"进一步指出要"高度重视农村社会稳定工作，妥善解决农村征地、环境污染、移民搬迁、集体资产处置等引发的突出矛盾和问题，做好农村信访工作，搞好农村社会治安综合治理，推进农村警务建设，反对和制止利用宗教、宗族势力干预农村公共事务，严密防范境外敌对势力对农村的渗透，保持农村社会和谐稳定"①。2010年"中央一号文件"强调要"完善党和政府主导的维护群众权益机制，切实解决好农村征地、环境污染、移民安置、集体资产管理等方面损害农民利益的突出问题。加强农村法制教育，畅通农村信访渠道，引导农民群众依法理性表达合理诉求、维护自身权益"②。2013年"中央一号文件"首次提出要增强农村突发公共事件和自然灾害的应对处置能力。文件还指出"深化农村平安建设，完善立体化社会治安防控体系，落实在农村警务室连续工作一定年限人员的有关激励政策"③。

---

① 参阅《中共中央国务院关于"三农"工作的一号文件汇编》，人民出版社2010年版，第197页。
② 《中共中央国务院关于"三农"工作的一号文件汇编》，人民出版社2010年版，第218页。
③ 2013年"中央一号文件"第七部分第4条。

（四）提倡开展法制宣传教育，增强农民的法治观念

法治的理念既是构建和谐社会的基础，也是农村社会繁荣稳定的基础。为深入开展农村普法教育，提高农民的法律意识，增强农民的法治观念，确保广大农民依法行使当家作主的权利。2005年"中央一号文件"提出要推进农村法制建设，加强农村普法教育，搞好农业综合执法。2006年"中央一号文件"则指出："加强农村法制建设，深入开展农村普法教育，增强农民的法制观念，提高农民依法行使权利和履行义务的自觉性"[1]。接着，2007年"中央一号文件"倡导在农村广泛开展法制宣传教育，增强群众的法律意识，引导农民以理性合法的方式表达利益诉求，依法行使权利、履行义务。随后，2013年"中央一号文件"指出要加强农村法制宣传教育，落实党的民族和宗教政策，树立健康文明、遵纪守法的社会新风尚。[2] 2015年"中央一号文件"再提要深入开展农村法治宣传教育，并首提要增强各级领导、涉农部门和农村基层干部法治观念，引导农民增强学法、遵法、守法和用法意识。[3]

四、经验与启示

1982—2015年间印发的"中央一号文件"中关于农村基层治理的政策调整对巩固执政党在农村基层的"领导核心"地位和创新乡村治理模式起着重要的作用。这些政策变动给后人留下宝贵的经验，也给予我们深刻的启示。

---

[1] 《中共中央国务院关于"三农"工作的一号文件汇编》，人民出版社2010年版，第131—132页。
[2] 2013年"中央一号文件"第七部分第4条。
[3] 2015年"中央一号文件"第五部分第32条。

(一)法律与规章在表述中不一致之处要及时修改

从管理学的角度看,管理主体间的职能、权限规定得越具体,管理摩擦越少、效果越好;如果管理主体之间权限模糊、职能交叉,就背离了层级管理的基本原则,管理冲突不断,管理绩效明显减低。① 当前,《中国共产党农村基层组织工作条例》对村党支部与村委会关系的规定不够明确,《村民委员会组织法》关于党支部与村委会权责规定也是模糊不清,导致党支部与村委会两者的权力都有合法性来源,在实践中常表现为村党支部书记与村委会主任之间的争权夺利。这种现象已严重影响到农村民主政治的发展和农村社会的稳定。因此,必须从政策上支持修改关于党支部在村民自治中的地位和权责,以及党支部与村委会的关系等问题,把管理上的冲突降到最低。

(二)可能产生负面影响的政策不宜"一刀切"强制推行

权力分工制衡是防止滥用权力的根本途径,也是对权力实行有效监督的前提。当前,很多地方在村民委员会换届选举中,为提高"一肩挑"的比例,把"一肩挑"作为一个政治任务来完成,多数地方在村委会换届选举中硬性推广村党支部书记和村委会主任"一肩挑"。同时,排斥非党员村民当选为村委会主任,此举完全背离了村民自治的初衷。无论是村党支部书记、村委会主任"一肩挑",还是村"两委"成员交叉任职,客观上都容易造成权力的集中。如果不从制度上加强监督管理,就极易出现"一把手"滥用权力的问题。"一肩挑"模式是在"两委"关系不可调和的一种妥协性选择。虽

---

① 何晓杰:《后农业税时代的中国乡村治理——以东北乡村为研究视域》,人民日报出版社2014年版,第150—151页。

然,"一肩挑"模式暂时解决了村党支部书记和村委会主任的矛盾和冲突问题。但是,不受约束的权力是极易产生腐败的,"一肩挑"模式极易使村民自治异化为村党支部书记或村委会主任的个人自治。

(三)法律在实际操作中出现的问题应及时制定可行政策予以应对

村民自治制度实行以来,村委会选举一直被贿选和黑恶势力操纵选举所困扰。近年来,贿选从"暗箱操作"发展到"公开活动"的拉票贿选,从个别人单独活动拉票贿选,到有组织拉票贿选,从请吃喝、送礼品拉票贿选,到直接送现金拉票贿选,从当场兑现钱物拉票贿选,到当场兑现钱物与承诺当选后的回报相结合,从送钱送物的单一手段到多种手段拉票贿选。另外,黑恶势力通过非法手段操纵村委会选举,把持农村基层政权,通过安排组织成员进入村两委、安排入党、发财物和为违法者"平事"等手段,从而垄断村庄管理权。这些情况在全国各地村庄较为普遍,已严重危及到村庄的有效治理。

(四)不够规范的政策要及时修改完善

目前,村务公开①、村级财务审计和村财乡(镇)代管②在实践中存在不少问题。一方面,长期以来,很多村庄村务不公开、不透明,特别是财务公开内容不具体、公开程序不合规、公开时间不固

---

① 村务公开,是指村民委员会组织把村级财务收支情况、集体土地、集体经济项目承包和经营情况,以及其他涉及村民利益事务的活动情况,通过一定的形式和程序告知全体村民,并由村民参与管理、实施监督的一种民主行为。

② 村财乡(镇)代管,是指村集体财务在所有权、使用权和决策权三权不变的前提下,在坚持村级所有,乡级服务,民主管理的原则下,委托乡(镇)(区)农村财务管理服务中心进行统一监督管理的一种方式,是加强农村基层廉政建设的一项重要内容。

定。一些地方的村干部贪污挪用，假公济私，多吃多占，瞒报虚领的现象突出。多数村民理财小组是经村党支部书记或村主任指定或村干部直接担任民主理财小组成员，使民主理财失去自身的意义。另一方面，乡镇代管的村级财务大多数是财政收入补助类，对村级的非财政性收入管理缺失，有些未纳入乡镇代管。一些乡镇农经部门认为村庄是自治组织，对收支票据只是做账，没有审核。对于村务监督制度，今后应从政策上探索建立真正独立于村党支部和村民委员会之外的村务监督机构。

（五）与现行宪法和法律相违背的政策要及时废除

大学生村官制度设计者的初衷是为了缓解高校毕业生的就业压力和提高农村基层干部的综合素质和自治能力。然而，真正愿意到农村工作的大学生很少，多数大学生村官是在面临就业压力和优惠政策的引力下才不得已选择当村官，试图通过村官这个经历，换取考公务员、考研或进入事业单位的优惠政策。另外，《宪法》第111条第1款规定：城市和农村按居民居住地设立的居民委员会或者村民委员会是基层群众性自治组织。居民委员会、村民委员会的主任、副主任和委员由居民选举产生。《村民委员会组织法》第11条规定：村民委员会主任、副主任和委员，由村民直接选举产生。任何组织或者个人不得指定、委派或者撤换村民委员会成员。由此可见，村干部必须由本村村民选举产生，村干部只能由本村村民担任。但如果国家分配大学生担任村委会主任助理或村委会委员，就涉及与法律规定是否相悖的问题。

（六）有利于农村基层治理的政策要及时增加和补充

农民是农村基层治理的重要主体之一，发展农村教育和提高农民综合素质有助于提升农村基层治理能力，也有助于推动整个国家治理能力的全面提高。目前，农民受教育程度很低，农民的政治参与意愿也极低甚至冷漠，这种情况已对村庄治理产生负面影响。众所周知，良好的民主素质与民主习惯只有在民主政治的实践中才能真正形成，发展农村基层民主就要努力提高广大农民的科学文化素质与政治参与能力，切实发挥民主主体作用。因此，要从政策上阐明大力发展农村教育，培养农民民主意识和提高农民的综合素质的重要性和紧迫性。

现代网络动员与传统面对面动员的效能比较分析

一项基于全球变暖问题的实证研究

马克·胡奇 等著   张艳敏、王锐兰 译*

【摘　要】 近年来,越来越多的民间社团和政治组织开始依赖互联网开展动员活动,并逐步取代传统面对面动员形式。现有的文献争论核心是二者的有效性问题。本文是传统(面对面动员)和现代(网络动员)两种不同动员方式的实验报告,该实验是在比利时和加拿大的大学生中进行的,同时也包括一项测试媒体动员效果的实验。结果显示,互联网在受访者中传播知识、提高问题的关注度是非常成功的,但是这两项实验均未能使受众产生行为上的改变。在这个实验中,我们没发现任何迹象表明网络政治动员比传统的面对面政治动员差。

【关键词】 动员　政治参与　互联网　全球变暖

对多数政治参与形式来说,动员是很重要的前提条件。近年来,越来越多的动员机构采用新兴的电子媒介和互联网,而不再是面对面的交流或印刷媒体这些传统形式接触潜在的参与者。在当代社会,

---

* 译者简介:张艳敏,女,东华大学人文学院行政管理专业硕士研究生;王锐兰,女,东华大学人文学院公共管理系教授,研究方向:行政管理、非营利组织管理。

本文为胡奇等人的论文"The Potential of Internet Mobilization: An Experimental Study on the Effect of Internet and Face – to – Face Mobilization Efforts", *Political Communication*, 27:406 – 431, 2010。翻译时替换了题目,文章内容亦有删减。

面对面接触的缺失被认为是社会资本和公民参与衰落的主要偶然因素。尽管一些研究对使用互联网和政治参与之间的相关性或各种关于政治有效性新闻的来源进行了调查，但很少有直接对比面对面动员和网络政治动员的效果研究。唯一比较这两种动员工具的研究，也对互联网成功动员其用户的能力提出了质疑。本文是一项实验的报告，通过比较现代网络和传统面对面两种动员方式的潜力，以确定以互联网为媒介的政治沟通，是否确实使政治动员表现欠佳。我们可以假设在动员过程中观察到的任何结果差异都是因为使用不同技术的原因。但实验室得出的这种结果不能向现实生活条件推广，因为这是我们自我选择接触形成的。这种结果可以给我们提供关于以互联网为形式的政治沟通，转变影响的热议问题的实证见解。更具体地说，该实验的参与者收到的是防范全球变暖预测行动的信息。第一组通过网站收到此信息，另一组通过面对面的互动收到，第三组收到的是与全球变暖无关的中性信息。这样设计信息，目的在于调动参与者、传达行为变化影响全球变暖进程的报告。比较这三个实验组的结果让我们能够确定，与面对面的动员工作相比，基于互联网动员的影响是否确实如一些作者所想的那样浅显。

一、网络动员的崛起

在动员个人参与公共生活的过程中，政治家和公民的直接接触是一个重要因素。大多数情况下，在参与行为发生之前，动员是一个关键前提，动员过程在这一研究领域中被公认为是公民志愿主义模型形成的关键因素。动员的目的也有所不同，从传播知识提高意识到收集物质支持，等等。公民政治参与的不同效果取决于使用的动员模式，面对面直接接触往往被认为是最有效的动员模式。调查研究表明，直接接触候选人或政党官员和个性化信息都会对投票率和选民的决定产生一致显著的影响。为了更好地理解这种因果关系，一些研究人员采取了动员效果的实验。有研究试图尝试对选举投票率效果做出探索，结果发现，面对面的接触使芝加哥地方选举的选民投票率上升了9%，面对面接触仍然被认为是激发人们去投票的有效手段。在英国，这一结果被类似的研究所证实：上门游说能够增加大约7%的投票率。这一传统动员方式在参与国内垃圾回收项目中也是十分显著的。有研究将其归因于真实的个人接触，因为直接互动、对话与电话和面对面的环境是相似的。基此，我们可以大胆假设传统的面对面动员，或许至少曾经是调动公民参与政治的有效手段。

虽然面对面动员有可能成功，但从动员代理的角度看，这种方法的缺点是，接触潜在的参与者是一个非常密集耗时的过程。因此，政党和社会运动往往会把动员工作的目标限定在那些他们认为更容易说服的受众身上。随着互联网的出现，像政党和社会运动组织这些动员机构开始采用新技术，作为一种经济有效的动员手段。2008年，奥巴马（Obama）竞选时就利用了网上在线捐款、在YouTube上播放视频和各种各样的社区网站，这通常被视为是互联网沟通形式的一个实例。在跨国政治动员方面，互联网也极大地改变了以前的动员参与模式。很多作者都假设，新技术的应用可能会在整个社会引起一个更为密集和更具包容性的政治沟通形式。同时也表明，互联网的使用与高水平的政治参与有一定的关联性。然而，这种关联性尚未证明互联网使用和参与水平之间因果关系的存在。因此，我们得出的最可靠结论是，互联网对公民参与水平没有显著的影响。

当前文献对这些新兴动员手段的有效性缺乏可靠评估。怀疑论者认为，网络政治动员是一个相当肤浅的现象，它将导致只有那些已经被说服的人才会参加活动。在大多数情况下，网络是一个"中立者"。它既没有创造社会关系，也没产生破坏作用。它也没有建立信任也不会破坏它……网络与人类社会非常相似。某种程度上它会让事情变好，但在另一方面也可能让事情变得糟糕。如果你想做出改变，就必须远离网络。然而，关于互联网潜在作用的所有断言，共同存在的问题是，它们并没有得到充分的实证研究支持。一些作者没有引用任何实证证据，而其他作者则依赖于横向的人口调查。因为公民会在互联网使用方面进行自我甄别（主要是年轻人），所以确定互联网使用对受访者社会关系的影响仍然是极其困难的。

虽然我们掌握大量关于传统面对面动员活动效果的信息，这一经典研究也需要更新，以确定是否可以证明以互联网为基础的政治动员形式有类似的效果。同时我们还可以确定关于互联网动员潜力的悲观假设是否真的可以得到实证支持。因为因果机制可以解释面对面动员的成功，但是它认为互联网在政治参与问题上有同样强烈的影响似乎是有问题的。本文进行的这一实验研究是最合适的，因为它可以克服互联网政治动员信息自我选择问题。因此，本文的目的是：通过网络动员与传统的面对面的动员相比，提供一个网络信息是否确实有效的控制实证评估。考虑到之前的文献研究，我们的主要假设如下：

在调动公民参与方面，互联网动员没有面对面接触有效。

这一基于实证研究为主体的假设证明，面对面接触的确是非常有效的动员工具。面对面接触能够诱导人际心理过程变化，但它同时也可能会引起社会压力，但在匿名交流的网络环境下情况却有所不同。在研究动员过程时，我们密切关注由韦尔巴等人（Verba et. al）开发的公民志愿主义模型（1995），这种模式记录的不同步骤和策略对引导公民参与是必要的。在这项研究中，我们假设动员工作有三种形式的预期结果：认知、态度和行为这三个方面。首先，增加政治问题或社会方面的认知是一个关键目标。认知本身就是一个目标，但我们也相信某种形式的认知是未来行为变化所需要的。其次，动员应当以态度性结果，提高公众对某一问题的认识，改变对以前的动员态度为目标［克兰德曼斯（Klandermans），1997］。如果一个问题没有被公众认为是突出的社会性问题，那就会阻碍动员的成功。最后，动员工作目的是为了引起行为变化，无论在个人（如动员投票）还是集体方面的变化（如参与游行示威）。从动员代理的角度来看，认知、意识和行为的结果组合，被认为是动员过程的理想结果。为了充分了解动员过程的结果，在这项研究中的这三个结果都会被调查。

二、数据和方法

在这项研究中，我们依据经典的实验前检验设计进行调查：参与者（307人）被随机分配到一个事前和事后的知识、态度和行为的测试信息条件中。① 虽然所提供的信息内容保持不变，但实验变化集中在提供信息的手段上。我们将从两个方面详细阐述这一经典实验设计。首先，实验检验分为两个阶段，第一个在实验结束后立即进行（第二阶段），第二个是在4个月后（第三阶段），这样做的目的是为了检测实验操作的中期接触影响。其次，实验在加拿大和比利时同时进行。因为受访者已经非常熟悉（或完全不熟悉）网络动员，因此在同一环境下进行这类研究的结果可能不会被普遍认同。事实上，来自两个不同国家的调查数据并不意味着我们的调查结果可以推广，但这项实验研究设计，至少使得由特定社会的特定性质引起的调查变得更不可能。

在实验期间，参与者收到了由虚拟环境组织提供的关于全球变暖的信息。之所以选择全球变暖这一话题，是因为我们希望在这两个国家的整个观察期间，全球变暖仍然是一个突出问题。此外，关

---

① 对主要变量进行测试是为了调查受访者成功的机率。这些测试没有引起任何异常现象，所以我们可以假设机率是成功的。

注全球变暖会引起不同的行为结果，不论在集体（政治行动）还是个人方面（行为变化）。

（一）调查准备和检验

这一实验设计允许研究人员掌握提供给参与者和媒体通讯的信息。此外，前检验设计使得在知识、态度和参与者行为方面的测量转变成为可能。在实验研究期间，我们倾向于关注实验的短期影响。显然，这是一个务实的策略，因为在该项研究结束几个月后，往往很难再次接触那些参与者。因此，对实验的长期影响可以做保留研究。为了确保实验中期效果，我们进行了两个检验实验。第一个在实验结束后立即进行，而第二个是在4个月之后进行。回顾之前的实验研究文献，我们可以看出，这种分段做法似乎是调查长期接触所带来影响的恰当时期。

事实上，受访者填写关于整个环境和具体关于温室效应的冗长的调查问卷，可能会影响测试效果。因此包括控制组在内，准确填写相同的问卷是非常必要的，但是他们没有接触关于环境的任何内容。然而，对这一问卷做出的反响会影响另一种关于环境问题和环境参与类型的测试效果。对日常生活中非典型的问题重复回答，会导致人们对环境问题的虚假关注，从而限制普及调查的可能性。

（二）参与者

总共有307人参加了这项研究，其中比利时167人，加拿大140人。所有这些人接触的动员内容是相同的，除了语言方面不同：比利时说荷兰语，加拿大说法语。我们对两个研究小组之间的紧密互动予以特别关注，以确保这两个国家实验条件完全相同。大多数高学历参与者都是在大学招募的，之后把他们随机分配到一个测试环境中。最后阶段的实验结束后，会让他们听取完整的报告。

（三）测试环境

参与者被告知，非政府组织（NGO）想要测试新信息表达的可读性。当前研究的目的直到报告阶段才能透漏给参与者。我们提出了一个名为"气候行动"的虚拟组织。通过这种方式，我们可以避免因对先前一些比较知名但可能有争议的环境非政府组织（如绿色和平组织或地球之友）的态度发生的感染效应。我们开发了四个不同的动员工具，同时还设立了一个控制组，参与者被随机分配到五个条件其中之一。这四个测试条件的内容是一致的，并作为在气候变化和行为变化影响后果方面，人类行为的针对性信息。我们对两个常规的和广泛使用的面对面动员工具以及两个互联网条件进行了测试：

1. 演讲者展示（面对面无互动）
2. 角色扮演游戏（面对面互动）
3. 基本网站（无互动的网站）
4. 一个基于更复杂视角的相同网站（交互式网站）

该网站是研究人员专门为这个实验项目建立的，实验后将立即注销。他们作为控制组参与者的一部分，播放两部流行的电视卡通系列内容。这两部电视的内容都没有动员潜力，同时和政治问题、全球变暖也没一点关系。

（四）招募

首先招募一些参与者并让他们填写调查问卷（第一阶段）。随后的1—2周，会让他们随机接触不同的动员手段，同时要求他们填写检验问卷（第二阶段）。招聘期间，我们以招募大学校园参与者为主要目标。接下来会要求他们报名参加一个7—10天的活动。研究小组为每个活动会话随机选择一个不同的实验条件。这个过程意味着在第一阶段收集数据和实验条件之间至少需要一周时间，因此可以避免测试经验被参与者填写另一份关于这个话题的调查问卷影响的风险。

在实验当天，研究以提供活动的基本信息和"气候行动"这个非政府组织的基本信息开始，这样，所有的参与者（除控制组）都会掌握关于非政府组织的相同信息。大概有10到20个参与者加入到小组，做一个30—45分钟的实验。实验结束后，研究人员要求他们填写一个简短的（大约10—20分钟）检验问卷（第二阶段）。问卷在实验结束后立即进行，所以在实验条件和第二阶段没有人退出。临走之时，给予参与者支付经济补偿，并告知他们在4个月内将收到一封邮件。大约30到60学生参加了各个实验条件，总共有140名加拿大学生和167名比利时学生参加了这一阶段的实验（表1）。①

在参与者中，女性比例高于男性（男女比例为37.8%:62.2%）。这是因为我们在大学院系招募参与者时往往会吸引很多女学生这一事实造成的。鉴于比较实际的原因，指导本科生进行这类实验作为常规活动。显然，这个特定人口小组调查得出的结果，从总体上来说不能向群体推广 [金，威尔金，切赫梅斯特（Kam, Wilking, Zechmeister），2007]，对使用互联网进行的研究结果尤其如此，因为我们可以假设学生比其他领域的群体更熟悉互联网。但事实上，由于目前的实验是在两个不同的社会进行的，这会使我们忽视我们的调查与文化背景相关联的可能性。

---

① 因为一些逻辑方面的困难，仅有少数受访者参加了小群体实验。然而，分析时排除这些参与者并没有导致不同的结果。

表 1 实验中的参与者、实验环境、性别和国家

	总数	女性	男性	加拿大	比利时
互联网					
非交互式网站	71	45	26	31	40
交互式网站	56	35	21	28	28
面对面					
会议	59	39	20	25	34
角色游戏	55	35	20	29	26
控制组	66	37	29	27	39
总　　数	307	191	116	140	167

（五）研究计划

在面对面非互动情况下，我们给参与者介绍了气候行动小组的成员是为环境组织工作的专业演说家，并用幻灯片做了展示。在面对面互动情况下，这个演说家在要求参与者参加的活动中扮演了重要角色。这个游戏需要参与者从六个演员中扮演一个角色，这六个角色分别是游说团体、绿色政党组织、学生组织、图瓦卢岛组织、环境非政府组织和一个反对政府采取行动阻止全球变暖的政治团体。研究者会提供给参与者关于这一作者在全球变暖方面地位的所有必要信息，并将这一信息用于模拟陪审团会议。

在非互动和互动网络条件下，我们要求参与者坐在个人电脑旁浏览气候行动组织的网站。在第一种情况下，提供给他们的主要是包含文本的非交互式网站，在第二种情况下，提出了互动式版本，其中包含一个多样性的网络工具（比如论坛、民意测验等）。① 在实验过程中，这些电脑只有进入特定网站的权限。对于控制组的参与

---

① 仅在实验活动期间网站才被设置在线，研究人员用虚拟名字在各类论坛发布信息。

者来说，安排他们坐在一个房间里观看两部每集 20 分钟的电视节目《辛普森一家》。第二阶段的问卷在实验后立即进行整理，所以第二阶段小组成员中的资料没有流失。

参加实验 4 个月后，所有的学生都收到了邮寄给他们的第二封检验问卷（第三阶段），并包括一封附有邮票的回信。那些没有回信的参与者至少会被回访两次，然后再往他们家里邮寄一份问卷。比利时和加拿大的回应率分别为 90.3% 和 83.3%。一份 Logistic 回归分析表明，根据被受访者参加实验的情况来看，回应率没有显著差异。同样的一份分析报告显示，第二阶段因变量的分析也没有显著差异（例如知识、突出问题和参与方面）。[1]

一个月后，实验即将结束时，一个详尽的汇报也随之而出。受访者充分了解了该实验的具体过程，包括为什么需要更长时间收集信息。我们没有从受访者那里收到任何负面反应。

（六）因变量

如前所述，实验的目的是为了在认知、态度和行为结果方面产生一些影响。因此，我们确定因变量是测量认知、全球变暖显著性问题和行为改变。

环境知识。在第一阶段和第二阶段，我们用 5 个多项选择题判断参与者对全球变暖的认知程度（如温室气体排放，节能灯能量平衡和《京都议定书》等）。在第三阶段，为了控制重复三次相同问题带来的影响，我们又增加了两个额外问题（参见附录 C 中问题的措辞）。认知是通过这些很多简单的项目进行测量的。

---

[1] 逻辑回归分析能够解释加拿大 6% 的观察磨损和比利时 3% 的观察磨损。因变量分析是在网络参与和面对面参与的条件下进行的，第一阶段的知识，突出和行为。这些重要的变量没有一个达到 .05 级，表明缺失值对最初的测量和实验条件在第二阶段和第三阶段没有影响。同时第二和第三阶段也没有显著的性别差异。

显著性。为了测量全球变暖和环境问题方面的态度变化，我们利用了一个标准的"捐款"问题。我们首先询问了受访者愿意把100欧元/美元捐给五个不同的非政府组织的虚拟捐款激励比例，其中也包括虚拟气候行动组织（参见附录C）。这个程序来自于经济学实验，该经济学实验认为这个设计中固有的零和博弈可以对参数或者集体利益的显著性进行纯粹测量。环境问题显著性是根据受访者捐赠给气候组织的100欧元/美元进行测量的，同时在三个阶段以完全相同的方式进行测量。

参与。为了测量不同动员手段对参与的影响，我们提出了一些普通的和具体的参与问题。更具体地说，我们会询问受访者是否愿意参加（第一阶段和第三阶段）或者有意向参加（第二阶段）特定形式的行动。第二阶段，在受访者有机会在现实生活中实践自己的新见解之前，我们会询问他们的参与目的，因为问卷是在实验室环境条件下进行整理的。在第一阶段和第三阶段，会询问受访者是否采取过一些具体措施以减少全球变暖，例如避免使用私家车，减少用电量，或者减少温室气体排放，等等（有关问题的措辞，请参阅附录C）。事实上，如果人们想比较同一个人全天候的情况，在比较略有不同的参与意向的测量手段时需要谨慎。我们可以预料，实验结束后的参与意图高于第一阶段和第三阶段的自我报告行为。但是在这个实验中，我们的主要目的是比较不同条件下各小组的平均反应而不是比较个人全天候的情况。我们假设通常情况下不同小组会表现出高估自己的行为倾向，这样便使跨组比较成为可能。

（七）数据分析

本文选择分层回归分析作为检验我们假设的主要手段，检查控制调查准备值和国家的实验条件的影响。因为我们有三个实验条件，所以将在模型中展示两个虚拟编码变量。另一控制组作为参考类别。

我们可以通过分层回归分析，比较网络和面对面条件下控制组的检验得分，同时控制调查准备得分和国家差异。使用这些控制变量的主要目的，是为了调整第一阶段实验条件下的检验得分差异，尽管仍然可能存在随机分布。分层回归分析包含计划性对比。第一个计划性对比测试的是与控制组相比，联合动员是否有所不同。第二个是在面对面的和基于互联网的测试条件下进行的（不考虑控制组）。除此之外，第一个计划性对比可以解答测试条件是否有效的问题；第二个可以让我们对比网络和面对面动员的效果。为了确保不同因变量之间的可比性，我们对所有因变量（如认知、显著性问题和参与）都采取相同的技术手段。

这种回归分析还有待改正，因为研究人员最终会决定哪些变量包括在内，哪些没有包括在内。因此，我们选择了只包括必要变量（实验条件、初始测量和国家试验）的薄层模型进行分析。为了给读者提供一个明确的结果概述，我们摒弃了所有不包括控制组平均测试水平的整体概述。①

三、实验结果

（一）认知

全球变暖知识的测试结果引起了另一个有趣的结果。第一阶段，在实验开始之前，三组（网络条件、面对面和控制小组）在全球变暖的得分都相当低，平均得分为1.5，最高分是5.0。三组之间的差异不明显，在第二阶段，互联网和面对面条件下的得分都有显著增长，但控制组的变化却不大。我们从图1也可以观察到，在网络条

---

① 所有的分析都是用这种方法进行的（比较均值），而这些证实了回归分析的结果（结果可以向作者购买）。

件下知识增长是最快的，但是与面对面的情况相比差别不大。

在第三阶段，也就是 4 个月后，我们重新测试了关于全球变暖方面的认知。由于这一阶段是基于邮寄式的问卷调查，阻止受访者在填写调查问卷之前搜寻信息是不可能的。事实上，这种情况导致了三组的分数都很高。由于第三阶段的结果明显缺乏可靠性，我们决定限制对前两个阶段结果的分析。

多元分层回归是通过把动员（网络或面对面）情况、国家和初始环境认知作为自变量，把第二阶段中的认知得分作为因变量完成的。[1] 分层分析（见表2）在三个不同的阶段进行。

在第一阶段的回归分析中，我们把环境认知作为控制变量以减少模型的误差方差。当然，原有认知水平对第二阶段的认知水平有很大影响。在下一个板块的回归分析中，我们把国家看作控制变量：实验还是在比利时和加拿大的学生中进行，国家差异有可能是我们调查结果的原因。然而，把国家作为变量并没什么意义，我们没有发现国家间任何显著性的差异。步骤 1 中的解释变异量（R 值为 .001）与步骤 2 中的几乎一样，所以我们可以确信加拿大和比利时之间的解释方差没有本质差别。在步骤 3 中，我们增加了两个变量，所得结果与图 1 有显著差别。对于面对面和互联网这两个方面，我们从控制组的结果观察到他们之间重大的实质性差异（控制以前的认知水平和实验国家）。第二阶段显示，网络（β 值是 0.61）和面对面（β 值是 0.40）条件对认知水平都有积极影响。

---

[1] 另一种方法是检查受访者的知识收益（第二阶段中的得分减去第一阶段的得分）。与这些知识分层回归作为因变量获得的得分显示相同的结果分析报告（R2 = .25）。与控制组相比，互联网（标准化回归系数 = 0.64，P 值小于 .001）和面对面的情况（标准化回归系数为 0.44，P 值小于 .001）对获得知识的预测做出了巨大贡献。与面对面的动员比，参与者从网络动员中汲取的更多（标准化回归系数为 -0.17，P 值小于 .01）。

这一分析证实了两种措施在受访者学习方面都有影响。但是我们的主要问题是确定这两个测试条件之间是否存在重大差异。计划性对比的确能够表明，面对面条件下给受访者提供的认知不及网络有效（β值为 -0.18）。与以互联网为媒介动员可能性的悲观假设相反，我们得出的结论是互联网在认知转移方面很有效。我们必须注意到这项研究中的所有参与者都是学生，得出这种结论的可能是因为学生群体比普通群体更容易从网络学习。[①]

到目前为止，关于这一因变量我们得出的结论是，互联网在向受访者转移知识方面是一个非常有效的媒介。然而我们却没有得到中期认知效果的可靠估计。

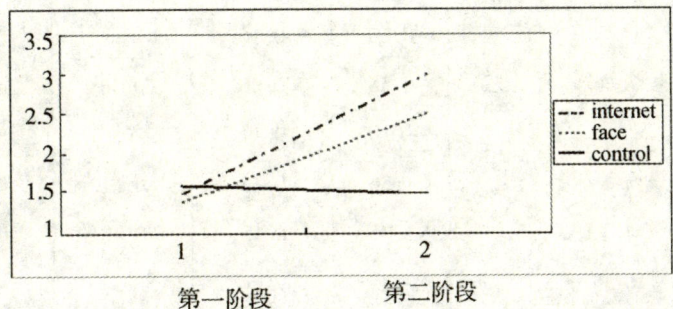

图1　环境认知的平均变化。在三项实验环境中的两项实验，关于全球变暖认知得分（人数307）。

[①] 3个（实验条件）×2个（国家）之间的方差分析表明实验条件和国家之间显著的相互作用。对加拿大学生来说，面对面的激励和网络激励一样有效。对比利时学生来说，网络激励在加强环保知识方面比面对面激励更有效，我们还测试了性别和实验条件之间的相互影响，但这些统计数据不显著。

表 2 环境认知的短期影响

	B	标准差 B	β 值	P 值
步骤 1				
常量	1.65	0.12		.000
初始环境认知	0.55	0.06	0.45	.000
步骤 2				
常量	1.68	0.13		.000
初始环境认知（第一阶段）	0.55	0.06	0.45	.000
国家[a]	-0.07	0.13	-0.03	.621
步骤 3				
常量	0.60	0.16		.000
初始环境认知（第一阶段）	0.56	0.06	0.46	.000
国家[a]	-0.02	0.11	-0.01	.882
控制组↔网络变量	1.56	0.15	0.61	.000
控制组↔面对面	1.05	0.15	0.40	.000
计划性对比				
常量	1.47	0.12		.000
初始环境认知（第一阶段）	0.56	0.06	0.46	.000
国家[a]	-0.02	0.11	-0.01	.882
网络和面对面↔控制组	0.44	0.05	0.43	.000
面对面↔网络变量	-0.26	0.06	-0.18	.000

注释：条目是多元回归分析的结果（数量298）。第二阶段实验中的因变量是环境认知。步骤 1 的 R 值是.199；步骤 2 的 R 值是.001；步骤 3 的 R 值是.220（p<.001）。

[a] 0 = 加拿大；1 = 比利时

(二) 显著的环境问题

动员工作不仅意味着增加对某一主体的认识,而且还可以表现其显著性。与这方面的标准实践研究相一致,问题显著性是受访者愿意捐款的一个原因。更具体地说,就是参与者得到 100 欧元(比利时)或 100 加元(加拿大)的虚拟金额,然后他们可以选择捐给五个不同的非政府组织。图 2 显示在实验条件下气候行动组织及控制组在三个阶段捐款的平均变化。初看起来,该图表显示互联网小组获得的捐款收益比面对面小组高。在动员活动结束后显著性问题增长很快,但 4 个月后再次下降。但是测试数据表明,4 个月后的捐款仍高于最初的水平。另一方面,对控制组来说,这三个阶段的结果都很稳定。

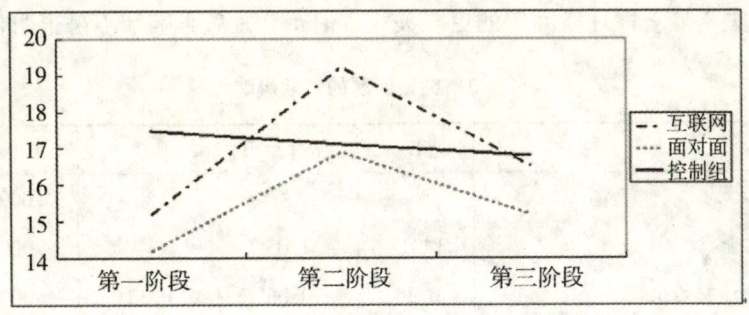

向非营利组织的捐款 (0—100)

图 2 显著的环境问题。 在三个实验条件下的三个实验中的突出问题(由环境非政府组织的捐款衡量)。(人数 307)

我们用相同的方式分析捐赠给环保组织的数额,就像我们对全球变暖认知的分析一样。首先,我们专注于短期效果,这一效果在试验结束后立即进行(表 3)。之前的捐赠水平对第二阶段的捐赠数额有很大影响,这表明了那些显著性问题趋于稳定。其次,我们观察到加拿大和比利时的参与者之间没有显著差异。通过观察实验本身影响（步骤3）结果表明，与控制组相比，互联网确实有很大影响。[1] 同时，与控制组相比，面对面条件下也有相对较高的捐款，但是效果不明显。面对面和网络条件之间的计划性对比表明，互联网没有在参与者间日益显著的环境问题的面对面动员有效。显著性问题也一样，互联网和面对面的动员似乎在短期内是有效的。

由于在第三阶段中没有关于显著性问题的"正确"答案，所以使我们调查它的中期效果成为可能。我们还以同样的方式进行下面的分析。表4显示了之前捐款产生的巨大影响，但国家间没有显著差异。然而，第三阶段中的其他一切影响显得并不是很重要。实验结束4个月后，我们没有发现控制组和实验条件之间的差异。这种研究通常都是这样的，短期接触不能产生长久效果［派克和康斯托克（Paik & Comstock），1994］。事实上，虽然我们在实验结束后得到关于显著性环境问题的更多关注，但4个月后影响却不是很明显。

表3 突出问题的短期影响

	B	标准差 B	β 值	P 值
步骤 1				.000
常量	14.18	1.05		.000
环境初始捐款	0.34	0.06	0.33	.000
步骤 2				
常量	15.64	1.29		.000
环境初始捐款	0.34	0.06	0.33	.000
国家[a]	-2.68	1.37	-0.11	.052

---

[1] 关于环境非政府组织获得捐赠分数的分层回归分析（拟合度为.053）显示了类似的结果，除了面对面的情况。关于控制国家获得分数的回归分析表明了两种实验条件的主要影响，即网络情况下，标准化回归系数为0.29，P值小于.001，面对面情况下，标准化回归系数为0.18，P值小于.05。

(续表)

	B	标准差 B	β 值	P 值
步骤3				
常量	11.20	1.88		.000
环境初始捐款	0.35	0.06	0.34	.000
国家[a]	-2.48	1.35	-0.10	.068
控制↔网络变量	6.14	1.79	0.24	.001
控制↔面对面	4.29	1.83	0.17	.020
计划性对比				
常量	14.68	1.30		.000
环境初始捐款	0.35	0.06	0.34	.000
国家[a]	-2.48	1.35	-0.10	.068
网络和面对面↔控制组	1.74	0.06	0.17	.002
面对面↔网络变量	-0.93	0.76	-0.17	.224

注释：条目式多元回归分析的结果(数量302)。第二阶段实验中的因变量是气候行动组织的捐款。步骤1的R值是.108；步骤2的R值是.011；步骤3的R值是.034。

[a] 0 = 加拿大；1 = 比利时

表4 突出问题的中期影响

	B	标准差 B	β 值	P 值
步骤1				
常量	10.25	0.87		.000
环境初始捐款	0.37	0.05	0.42	.000
步骤2				
常量	10.79	1.06		.000
环境初始捐款	0.37	0.05	0.42	.000
国家[a]	-1.00	1.44	-0.05	.380

(续表)

	B	标准差 B	β 值	P 值
步骤 3				
常量	9.52	1.57		.000
环境初始捐款	0.37	0.05	0.42	.000
国家[a]	−0.96	1.14	−0.04	.397
控制↔网络变量	2.26	1.50	0.10	.134
控制↔面对面	0.68	1.53	0.03	.659
计划性对比				
常量	10.50	1.09		.000
环境初始捐款	0.37	0.05	0.43	.000
国家[a]	−0.96	1.14	−0.05	.397
网络和面对面↔控制组	0.49	0.46	0.06	.287
面对面↔网络变量	−0.79	0.64	−0.07	.218

注释：条目式多元回归分析的结果（数量 303）。第三阶段实验中的因变量是气候行动组织的捐款。步骤 1 的 R 值是 .175；步骤 2 的 R 值是 .002；步骤 3 的 R 值是 .007。

[a] 0 = 加拿大；1 = 比利时

（三）环境参与

到目前为止，我们看到动员措施在促进环境认知和显著性问题方面的有效性，虽然这种效果在实验结束后才能看出。提高认知和影响态度是动员过程的第一步，但是我们真正想确定的是实验是否能有效地调动环境参与和行为变化。测量这些因变量需要注意许多地方，因为实验结束后就立即估量出行为的变化是不可能的。由于参与者尚未离开实验环境，所以他们没有机会在环境问题方面采取行动。因此，我们有必要询问他们关于未来行为的意向。显然，我们声称不希望表达行为变化的意向对未来行为产生潜移默化的影响，但是考虑到具体的实验条件,这可能是对第二阶段行为影响测量的最好方法。只有在第三阶段,才可以询问参与者们在过去的3个月的实际行动(也就是实验后的几个月)。

因为我们在不同的阶段依靠不同的测量方法,所以因变量的直观表示没有知识或者突出事件那么简单易懂。正如我们所预期的,报道带有意志性举措的数量,远高于那些带有确切行为举措的数量。因为我们主要对实验群体之间的差异感兴趣,所以我们根据每一阶段最低组为0的情况设置标准化平均值。从这个过程我们可以比较在三个阶段的实验中这三个小组的波动。

图3显示,在第一阶段三组之间的差异是最小的。试验结束后,两个实验组在行为改变方面有所提高,控制组的分数还是最低的。但是在第三阶段,我们观察到一个完全相反的现象,即网络群体的参与水平非常低,而控制组和面对面的群体参与水平相对较高。刚开始我们认为互联网在短期内诱导参与意图是非常成功的,但它在行为方面确实没有持久的影响。

在分析中,我们首先关注改变行为意图的短期影响。同样,前两个步骤的分析都相当有希望:之前的评论对行为改变的意向有很大影响。阻止全球变暖的行动对更进一步的行为变化意向也有影响。国家差异并不是很显著。在最后一个分析步骤中,我们把环境条件这一因素也包括在内。从图3我们得到的结果证明互联网在促进行为变化意图上有积极作用。互联网条件下得到的结果与控制组的结果有显著差异,但是面对面小组的情况却不一样。如果我们从另一方面对比这两种情况,他们的区别就不是很大。虽然我们增加的变量系数稍微超出了传统范围的意义(P值为.057)。因此我们得到的最可靠的结论是,互联网在诱导短期效果方面是成功的。

行为变化中期转变的效果体现在表6。这个表格显示的结果仍然不显著。在第三阶段没有一个实验干预在自我报告行为方面是重要的。虽然表3显示,作为因变量的互联网表现不佳,但在这一回归分析中没有明显差异。

目前为止,通过回归分析我们已经得出了调查结果。因为简单对比均值可以使我们对结果有一个更直观的理解。在表7中,我们通过回归分析总结了调查结果,主要从面对面条件下的认知和显著性等方面对网络认知、显著性、参与意图方面进行了总结。总结我们的研究成果,可以发现基于网络的动员和面对面动员一样有效果。

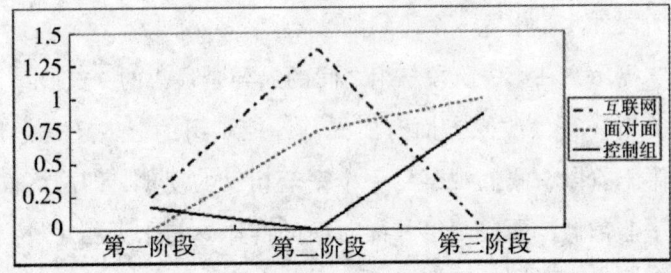

行为变化(标准化阶段)

图3 行为变化的影响。在三个实验条件下的三个实验中关于全球变暖的行为(第一阶段和第三阶段)和意图(人数307)。从清晰度来看,这三个阶段中最低组的清晰度为0。

表5 环境参与的短期影响

	B	标准差 B	β 值	P 值
步骤1				
常量	7.58	0.33		.000
环境初始捐款	0.52	0.04	0.65	.000
步骤2				
常量	8.18	0.42		.000
环境初始捐款(第一阶段)	0.48	0.04	0.60	.000
国家[a]	-0.52	0.23	-0.11	.024

(续表)

	B	标准差 B	β 值	P 值
步骤 3				
常量	8.12	0.42		.000
环境初始捐款	0.48	0.04	0.60	.000
国家[a]	−0.52	0.23	−0.12	.024
控制↔网络变量	0.90	1.28	0.19	.001
控制↔面对面	0.49	0.28	0.10	.087
计划性对比				
常量	8.12	0.42		.000
环境初始捐款	0.48	0.04	0.60	.000
国家[a]	−0.52	0.23	−0.12	.024
网络和面对面↔控制组	0.23	0.09	0.12	.007
面对面↔网络变量	−0.21	0.12	−0.08	.075

注释：条目式多元回归分析的结果（数量 294）。因变量是第二阶段实验中的环境参与。步骤 1 的 R 值为 .418；步骤 2 的 R 值为 .010（$p < .05$）；步骤 3 的 R 值为 .021（$p < .01$）。

[a] 0 = 加拿大；1 = 比利时

四、结论探讨

我们从之前主要研究选举动员的文献得知，面对面交流是一种非常有效的动员手段。个人魅力是吸引人们动员投票最有力的手段之一，同时也是向政党或向动员者鼓吹的候选人投票的手段。考虑到人们对这种面对面动员力量的认识，当前以互联网为媒介的动员形式和政治沟通趋势是受到人们关注的原因。因为网站和电子邮件具有客观性，所以人们对这种形式的交流是否会与传统形式的面对面交流有同样的效果确实持怀疑态度。

从某种程度上说，当前的实验可以缓解人们关注的一些问题。首先，该实验证实了动员的确起作用这一观点。那些知悉全球变暖动员信息的参与者更了解这一现象，他们往往会把更多的钱捐给环保事业，同时还有意向改变自己的行为。所以，动员工作确实是有效果的。事实上，这些在实验结束4个月后都没有被注意到的工作不应该成为关注的主要原因。我们通过一次性接触不可能观察到任何关于动员工作的中期效果（布什曼和休斯曼，2006）。在这里必须补充说明一下，我们可能低估了这些影响，因为参与者被随机分配到一个与现实条件形成鲜明对比的信息条件下，在这一现实条件中，活动者自主选择去接触那些与他们的需求可能吻合的信息。从另一方面来讲，毫无疑问，单次接触的影响往往很容易消失，因此，使用这种动员手段的组织应该依靠频繁的接触或者直接资本化的动员工作。

其次，重要的是要考虑到我们的研究问题——证明网络动员和面对面动员至少有一样的效果。从认知方面来讲，我们证实了网络信息比面对面条件下提供的信息更有效。对于另外两个因变量（显著性和参与意图），它们在网络和面对面的实验条件中没有显著差异。总结我们的研究结果可以看出，互联网和传统的面对面动员工作一样成功，但以互联网为媒介的交流逐步替代面对面的动员的效率不应该成为关注的理由。在本文我们必须注意，对不平等获取网络信息手段的关注可能仍然存在，但在有效性方面，目前的实验还不能证实在文献中普遍存在悲观假设。

考虑到研究设计的实验性质，在得出结论之前我们有许多事项需要注意。首先，参与实验之前，参与者不知道他们实际上要参与哪些实验。通常现实生活中的动员跟这种实验有所不同，因为在现实生活中活动者会决定他们自己接触什么样的动员工作。浏览政治网站做出的决策和政治家登门游说做出的决策是有区别的，这种区别不能被包括在实验设置里面。现实情况中，部分动员过程也是活动者自己适应动员工作的过程。该阶段不被包括在当前实验中，而且我们只能通过观察看到一旦参与者接触到这些信息会发生什么。在我们的随机实验中，这一自我选择因素是不存在的，所以可以让我们与接触效应隔绝。然而在现实生活中，我们可以假设自我选择和被关注信息之间的相互作用。所以，并不一定需要概括这个实验对现实情况的影响。我们必须牢记的是，测试效果至少对我们调查结果的一部分是有益的。

其次，需要注意的是，这一实验仅限于大学生。由于他们的特殊经历、教育背景和认知能力，这个群体可能比其他公民更倾向于从计算机应用中学习。因此，在接下来的研究中，了解"这一实验群体"之外的其他人群以确定是否会产生同样的效果也是十分重要的。

第三，实验室条件下可能会导致虚假情况，因为受访者无法脱离网络，他们或多或少都会关注一些网络内容。在这一方面，现实生活中的情况可能是完全不同的。

尽管需要注意这些问题，当前的实验也不支持关于互联网沟通带来的影响的悲观假设。虽然不同作者对当前公民参与水平的信息通讯技术（ICT）的趋势后果表示关注，但当前的实验结果也不支持这些关注的问题。因为与最近其他研究相一致，所以我们提议不应该把信息通讯技术沟通（ICT）看作是对公民参与的威胁，而且它通常被看作一个繁荣的民主政治体制的标志。事实上，接触潜在参与者以触及更广泛社会领域的单位成本比信息通讯技术提出的理想工具要低一些。因此，我们得出这样的结论，即与互联网形式的动员沟通相比，面对面交流的结果也不一定比互联网好，至少在我们的大学生参与者中是这样的。目前的研究表明，面对面的互动是可以被替代的。最近以信息通讯技术为基础的互动形式和信息被证明是一样有效的。事实上，在两个不同的国家进行的这个实验得出的结果没有显示任何重大差异,这可以使我们在调查研究中增强自信心。

表6 环境参与的中期影响

	B	标准差 B	β 值	P 值
步骤1				
常量	12.23	0.38		.000
初始参与	−0.74	0.41	−0.73	.000
步骤2				
常量	11.86	0.48		.000
初始参与	−0.72	0.05	−0.70	.000
国家[a]	0.33	0.26	0.05	.216
步骤3				
常量	11.84	0.54		.000
初始参与	−0.72	0.05	−0.70	.000
国家[a]	0.35	0.26	0.06	.190
控制↔网络变量	−0.30	0.32	−0.05	.353
控制↔面对面	0.24	0.33	0.04	.466
计划性对比				
常量	11.84	0.54		.000
初始参与	−0.72	0.05	−0.70	.000
国家[a]	0.35	0.26	0.06	.190
网络和面对面↔控制组	−0.01	0.10	−0.00	.920
面对面↔网络变量	0.27	0.14	0.08	.046

注释:以上条目是多元回归分析的结果(数量294)。在第三阶段因变量是实验中的环境参与。模型一:步骤1的R值是.528;步骤2的R值是.002;步骤3的R值是.006。

[a] 0 = 加拿大;1 = 比利时

表7 环境认知，显著性和参与的平均得分

变量1	平均变化[a]	变量2	平均变化 W1–W3 短期	T值	自由度	P值	差值标准误	变量1	平均变化 W1–W3	变量2	平均变化 W1–W3 中期	T值	自由度	P值	差值标准误
认知															
网络	1.49	控制组	-0.11	12.005[b]	179	.000	0.13	网络		控制组					
面对面	1.02	控制组	-0.11	7.864[b]	173	.000	0.14	面对面		控制组					
网络	1.49	面对面	1.02	3.144	231	.002	0.15	网络		面对面					
显著性															
网络	7.12	控制组	7.12	3.790	188	.000	2.06	网络	2.74	控制组	-1.14	2.38[b]	155	.019	0.33
面对面	5.08	控制组	5.08	2.527	175	.012	2.28	面对面	0.88	控制组	-1.14	1.586	169	.115	0.34
网络	7.12	面对面	7.12	1.088	235	.278	1.87	网络	2.74	面对面	0.88	0.814	230	.416	0.31
参与															
网络	3.66	控制组	3.66	2.380[b]	155	.019	0.33	网络	-3.52	控制组	-2.74	-0.930	182	.354	0.84
面对面	3.40	控制组	3.40	1.586	169	.115	0.34	面对面	-2.47	控制组	-2.74	0.292	169	.771	0.91
网络	3.66	面对面	3.66	0.814	230	.416	0.31	网络	-3.52	面对面	-2.74	-1.455	231	.150	0.72

注释：T检验是在三个阶段中不同的认知环境、显著性和参与下进行的。
[a] 第一和第二阶段是短期检验，第三阶段是长期检验。
[b] 没有假设齐方差。

附录 A：平均得分

表格 A1　环境认知的平均得分

	加拿大			比利时		
	第一阶段	第二阶段	第三阶段	第一阶段	第二阶段	第三阶段
网络	1.52	2.80	3.56	1.50	3.16	3.32
面对面	1.37	2.59	3.68	1.46	2.32	3.32
控制组	1.26	1.37	3.22	1.84	1.59	3.46

表格 A2　捐款平均得分

	加拿大			比利时		
	第一阶段	第二阶段	第三阶段	第一阶段	第二阶段	第三阶段
网络	18.25	21.26	18.68	12.51	17.41	14.68
面对面	14.75	17.45	15.27	16.49	16.49	15.33
控制组	19.91	18.85	18.37	16.09	16.09	15.65

表格 A3　参与平均得分

	加拿大						比利时					
	女性			男性			女性			男性		
	第一阶段	第二阶段	第三阶段	第一阶段	第二阶段	第三阶段	第一阶段	第二阶段	第三阶段	第一阶段	第二阶段	第三阶段
网络	10.60	13.53	3.87	9.00	12.59	5.32	8.28	12.33	5.56	7.31	11.47	7.05
面对面	9.83	13.23	4.90	10.48	13.30	5.22	7.62	11.88	6.58	5.93	8.24	8.71
控制组	11.48	13.21	3.21	8.80	11.77	4.58	7.45	10.52	7.39	7.39	10.15	7.44

附录 B　总体描述值

表格 B1　环境认知、突出问题和参与的均值和信度系数

	均值	标准偏差	信度系数	数量
环境认知前测	1.49	1.027	—	302
环境认知前测 1	2.47	1.255	—	303
环境参与前测 1	8.70	2.940	0.737	297
参与环境意向后测 1	12.08	2.398	0.800	304
环境参与后测 2	5.77	3.026	0.749	304
突出环境问题（气候行动组织）前测 1	14.27	12.297	—	306
突出环境问题（气候行动组织）后测 1	19.27	13.369	—	305
突出环境问题（气候行动组织）后测 2	15.46	10.798	—	306

附录 C　调查问题

环境知识：多项选择题[①]

1. 下列哪一项关于温室效应的表述是正确的？（温室效应不是正常的现象，它是人类的行为引起的）

2. 什么是生态足迹？（能够维持人们生存的生物生产力地域面积）

3. 节能灯可以减少能源消耗……（一半以上）

4. 这两个发达国家，哪个没有批准《京都协议书》？（美国和加拿大）

5. 为了保持全球温度在 2050 年之前下降 2 摄氏度，工业化国家必须减少二氧化碳排放量……（一半）

---

① 作者只给出了关于环境知识的多项选择题，并没有具体展示这些多选题的选项。——译者注

问题显著性：向非营利组织的捐款

设想你有 100（欧元/加元）要捐赠给非营利组织，你会怎样分配这一金额？

国际特赦组织	＿＿＿＿＿＿［欧元/美元］
无国界医生组织	＿＿＿＿＿＿［欧元/美元］
气候行动组织	＿＿＿＿＿＿［欧元/美元］
绿色和平组织	＿＿＿＿＿＿［欧元/美元］
红十字会	＿＿＿＿＿＿［欧元/美元］

环境行为[①]

第一阶段测量了过去 12 个月的行为："在过去 12 个月中，为了减少污染气体排放（如二氧化碳）或者阻止全球变暖的行为，你是否做过以下事情？"

第二阶段测试了环境变化的意图："在未来的几个月，为了减少污染气体的排放（如二氧化碳）或者阻止全球变暖的行为，你是否想过做如下一些事情？"

第三阶段测试了实验后参与者的行为："在过去三个月，为了减少污染气体的排放（如二氧化碳）或者阻止全球变暖的行为，你是否做过如下事情？"

措施列表

1. 经常使用公共交通工具
2. 阅读更多关于全球变暖的小册子或杂志

---

① 作者并未列出具体的行为。——译者注

3. 通过互联网多搜寻一些全球变暖的信息
4. 短距离可以徒步或者骑自行车
5. 减少肉类消费
6. 把暖气温度降到房间常温
7. 向家人/朋友/同事提供全球变暖的信息
8. 购买更多本地产品（即使有时价格相对较高）
9. 关掉不用的电器
10. 减少纸张消耗，使用无纸化操作
11. 回收利用
12. 晚上离开房间的时候降低室内暖气温度

参考文献

1. Ajzen, I., & Fishbein, M., *Understanding attitudes and predicting social behavior*. Englewood Cliffs, NJ: Prentice Hall, 1980.

2. Arceneaux, K., & Nickerson, D., "Who is mobilized to vote? A re-analysis of 11 field experiments", *American Journal of Political Science*, No. 53, 2009, pp. 1 – 16.

3. Bennett, W. L., "Communicating global activism", In W. van de Donk, B. Loader, P. Nixon, & D. Rucht (Eds.), *New media, citizens, and social movements*, London: Routledge, 2004, pp. 90 – 119.

4. Bennett, W. L., Breunig, C., & Givens, T., "Communication and political mobilization: Digital media and the organization of anti – Iraq war demonstrations in the U. S.", *Political Communication*, No. 25, 2008, pp. 269 – 289.

5. Bimber, B., "Information and political engagement in America: The search for effects of information technology at the individual level", *Political Research Quarterly*, No. 54, 2001, pp. 53 – 67.

6. Bimber, B. , *Information and American democracy: Technology in the evolution of political power*, Cambridge, UK: Cambridge University Press, 2003.

7. Bouliane, S. , "Does Internet use affect engagement? A meta-analysis of research", *Political Communication*, No. 26, 2009, pp. 193-211.

8. Bushman, B. , & Huesmann, L. H. , "Short-term and long-term effects of violent media on aggression in children and adults", *Archives of Pediatric and Adolescent Medicine*, No. 160, 2006, pp. 348-352.

9. Camerer, C. , *Behavioral game theory: Experiments on strategic interaction*, Princeton, NJ: Princeton University Press, 2003.

10. Cohen, J. , Cohen, P. , West, S. G. , & Aiken, L. S. , *Applied multiple regression/correlation analysis for the behavioral sciences*, Mahwah, NJ: Erlbaum, 2003.

11. Davis, R. , & Owen, D. , *New media and American politics*, New York: Oxford University Press, 1998.

12. Davis, R. , Owen, D. , Taras, D. , & Ward, S. (Eds.), *Making a difference: A comparative view of the role of the Internet in election politics*, Lanham, MD: Lexington Press, 2008.

13. Delli Carpini, M. X. GenCom, "Youth, civic engagement, and the new information environment", *Political Communication*, No. 17, 2000, pp. 341-349.

14. Delli Carpini, M. X. , & Keeter, S. , *What Americans know about politics and why it matters*, New Haven, CT: Yale University Press, 1996.

15. de Vreese, C. H. , & Boomgaarden, H. , "News, political knowledge and participation: The differential effects of news media exposure on political knowledge and participation", *Acta Politica*, No. 41, 2006, pp. 317-341.

16. Gerber, A. S. , & Green, D. P. , "The effects of canvassing, telephone calls, and direct mail on voter turnout: A field experiment", *American Political Science Review*, No. 94, 2000, pp. 653 – 663.

17. Gosnell, H. F. , *Getting-out-to-vote: An experiment in the stimulation of voting*, Chicago: University of Chicago Press, 1927.

18. Graber, D. , Seeing is remembering. "How visuals contribute to learning from television news", *Journal of Communication*, No. 40, 1990, pp. 134 – 155.

19. Green, D. P. ,& Gerber, A. S. , *Getting out the youth vote: Results from randomized field experiments*, Unpublished manuscript, 2001.

20. Hollander, B. A. , "Media use and political involvement", In R. W. Preiss, B. M. Gayle, N. Burrell, M. Allen, & J. Bryant (Eds.), *Mass media effects research*, London: Erlbaum, 2007, pp. 377 – 390.

21. Hooghe, M. , "Watching television and civic engagement. Disentangling the effects of time, programs, and stations", *Harvard International Journal of Press/Politics*, No. 7, 2002, pp. 84 – 104.

22. Hooghe, M. , & Vissers, S. , "Reaching out or reaching in? The use of Websites during the 2006 electoral campaign in Belgium", *Information, Communication, and Society*, No. 12, 2009, pp. 691 – 714.

23. Howard, P. N. , *New media campaigns and the managed citizen*, Cambridge, UK: Cambridge University Press, 2006.

24. Huckfeldt, R. , & Sprague, J. , "Political parties and electoral mobilization: Political structure, social structure, and the party canvass", *American Political Science Review*, No. 86, 1992, pp. 70 – 86.

25. Jason, L. A. , Rose, T. , Ferrari, J. R. , & Barone, R. , "Personal versus impersonal methods for recruiting blood donations", *Journal of Social Psychology*, No. 123, 1984, pp. 139 – 140.

26. John, P. , & Brannan, T. , How different are telephoning and canvassing? Results from a "get out the vote" field experiment in the British 2005 general election, *British Journal of Political Science*, No. 38, 2008, pp. 565 – 574.

27. Kam, C. , Wilking, J. , & Zechmeister, E. , "Beyond the 'narrow data base': Another convenience sample for experimental research", *Political Behavior*, No. 29, 2007, pp. 415 – 440.

28. Kenski, K. , & Stroud, N. J. , "Connections between Internet use and political efficacy, knowledge, and participation", *Journal of Broadcasting and Electronic Media*, No. 50, 2006, pp. 173 – 192.

29. Klandermans, B. , *The psychology of social protest*, Oxford, UK: Blackwell, 1997.

30. Klandermans, B. , & Oegema, D. , "Potentials, networks, motivations, and barriers: Steps towards participation in social movements", *American Sociological Review*, No. 52, 1987, pp. 519 – 531.

31. Kramer, G. H. , "The effects of precinct – level canvassing on voting behaviour", *Public Opinion Quarterly*, No. 34, 1970, pp. 560 – 572.

32. Kraut, R. , Patterson, M. , Lundmark, V. , Kiesler, S. , Mukopadhyay, T. , & Scherlis, W. , "Internet paradox: A social technology that reduces social involvement and psychological well-being?" *American Psychologist*, No. 53, 1998, pp. 1017 – 1031.

33. Krueger, B. S. , "Assessing the potential of Internet political participation in the United States—A resource approach", *American Politics Research*, No. 30, 2002, pp. 467 – 498.

34. Krueger, B. S. , "A comparison of conventional and Internet political mobilization", *American Politics Research*, No. 34, 2006, pp. 759 – 776.

35. Miller, M. , & Reese, S. D. , "Media dependency as interaction:

Effects on exposure and reliance on political activity and efficacy", *Communication Research*, No. 9, 1982, pp. 227 – 248.

36. Mossberger, K., Tolbert, C., & McNeal, R., *Digital citizenship: The Internet, society, and participation*, Cambridge, MA: MIT Press, 2008.

37. Moy, P., Torres, M., Tanaka, K., & McCluskey, M. R., "Knowledge or trust? Investigating linkages between media reliance and participation", *Communication Research*, No. 33, 2005, pp. 59 – 86.

38. Murray, S., & Mosk, M., Under Obama, Web would be the way, *Washington Post*, Retrieved from http://www.washingtonpost.com/wp-dyn/content/article/2008/11/10/AR2008111000013.html, No. 10, 2008.

39. Nickerson, D. W., "Volunteer phone calls can increase turnout—Evidence from eight field experiments", *American Politics Research*, No. 34, 2006, pp. 271 – 292.

40. Nickerson, D. W., "The ineffectiveness of e-vites to democracy: Field experiments testing the role of e-mail on voter turnout", *Social Science Computer Review*, No. 25, 2007, pp. 494 – 503.

41. Nickerson, D. W., Fridrichs, R. D., & King, D. C., "Partisan mobilization campaigns in the field: Results from a statewide turnout experiment in Michigan", *Political Research Quarterly*, No. 59, 2006, pp. 85 – 97.

42. Norris, P., "Did the media matter? Agenda setting, persuasion and mobilization effects in the British general election campaign", *British Politics*, No. 1, 2006, pp. 195 – 221.

43. Paik, H., & Comstock, G., "The effect of television violence on antisocial behavior: A meta-analysis", *Communication Research*, No. 21, 1994, pp. 516 – 546.

44. Pasek, J., Kenski, K., & Romer, D., "America's youth and com-

munity engagement: How use of mass media is related to civic activity and political awareness in 14 – to 22 – year – olds", *Communication Research*, No. 33, 2006, pp. 115 – 135.

45. Polat, R. K., "The Internet and political participation: Exploring the explanatory links", *European Journal of Communication*, No. 20, 2005, pp. 435 – 459.

46. Putnam, R., *Bowling alone*, New York: Simon & Schuster, 2000.

47. Quintelier, E., & Vissers, S., "The effect of Internet use on political participation: An analysis of survey results for 16 – year – olds in Belgium", *Social Science Computer Review*, No. 26, 2008, pp. 411 – 427.

48. Reams, M. A., & Ray, B. H., "The effects of 3 prompting methods on recycling participation rates: A field study", *Journal of Environmental Systems*, No. 22, 1993, pp. 371 – 432.

49. Rosenstone, S. J., & Hansen, J. M., *Mobilization, participation, and democracy in America*, New York: Macmillan, 1993.

50. Shah, D. V., Cho, J., Eveland, W., & Kwak, N., "Information and expression in a digital age: Modeling Internet effects on civic participation", *Communication Research*, No. 32, 2005, pp. 531 – 565.

51. Shah, D. V., Kwak, N., & Holbert, R. L., "'Connecting' and 'disconnecting' with civic life: Patterns of Internet use and the production of social capital", *Political Communication*, No. 18, 2001, pp. 141 – 162.

52. Simon, B., Trötschel, R., & Dähne, D., "Identity affirmation and social movement support", *European Journal of Social Psychology*, No. 38, 2007, pp. 935 – 946.

53. Skocpol, T., *Diminished democracy: From membership to management in American civic life*, Norman, OK: University of Oklahoma Press, 2004.

54. Stolle, D., & Hooghe, M., "Inaccurate, exceptional, one-sided or irrelevant? The debate aboutthe alleged decline of social capital and civic engagement in Western societies", *British Journal of Political Science*, No. 35, 2005, pp. 149-167.

55. Tolbert, C., & McNeal, R., "Unraveling the effects of the Internet on political participation?" *Political Research Quarterly*, No. 56, 2003, pp. 175-185.

56. Uslaner, E., "Trust, civic engagement, and the internet", *Political Communication*, No. 21, 2004, pp. 223-242.

57. Verba, S., Schlozman, K. L., & Brady, H. E., *Voice and equality: Civic voluntarism in American politics*, Cambridge, MA: Harvard University Press, 1995.

58. Ward, S., Gibson, R., & Lusoli, W., "Online participation and mobilisation in Britain: Hype, hope and reality", *Parliamentary Affairs*, No. 56, 2003, pp. 652-668.

59. Weber, L., Loumakis, A., & Bergman, J., "Who participates and why? An analysis of citizens on the internet and the mass public", *Social Science Computer Review*, No. 21, 2003, pp. 26-42.

如何使监督运转起来

——论行政权力与媒体监督

陈剑岚*

【摘　要】 在现代社会的文明进步中，对行政权力以及其他权力的监督赋予新闻媒体以神圣的职责。并且大众传播媒介作为有效监督行政权力的方式之一，其监督是现代民主政治在话语领域最重要的表现。因此，探索媒体对行政权力的实际监督具有时代性和必要性。本文对媒体监督与行政权力的相关研究进行了系列回顾，立足于对发展现状的揭示及发展过程中所存在问题的探讨，从而提出了加强和完善媒体对行政权力的有效监督的可行之道。

【关键词】 媒体监督　行政权力　监督完善

一、引　言

在我国现有的政治实践中，行政权力不断扩张，导致了自由裁量权的滥用和腐败的滋生。而传统的监督方式在现代社会已经渐渐失去其效能，传媒作为新兴的监督方式正发挥着其独特的作用，以其影响力和广泛性对行政权力起到监督作用。而新闻媒体在参与现代民主政治的过程之中可以充当公众参与政府过程的工具；除了充分聚焦公众的注意力，形成公众舆论，还可以作为公众参与和评判

---

* 陈剑岚，华东政法大学政治学理论硕士研究生。

政府决策、议论公共事务的工具，成为公民和社会监督政府过程的重要媒介。因此，对传媒监督视角下对行政权力有效督促的必要性和作用的探讨，进而提出改进的措施和方法就具有一定现实意义。本文正是通过对媒体监督行政权力的研究，探讨传媒监督的特点和作用，揭示媒体监督行政权力的现状，从而进一步提出传媒监督机制完善的可行路径，为落实行政权力有效监督和促进决策科学化、民主化提供了别样的视角。

二、文献回顾

孟德斯鸠说："一切有权力的人都容易滥用权力。"这绝对是万古不变的一条经验。之所以这么说，是因为从权力的性质上看，行政权力表现为一种强大的"实践力量"，它一般都是通过主动、直接、强制地影响公民和组织的权利和义务来实现其目标和价值的。从权力的范围看，行政权力的触角几乎无所不至。[①] 因此，行政权力是一种需要监督与制约的权力。

在现实政治实践中，行政权力的制约来自对于行政权力的监督。根据2011年国新办发布的《中国的反腐败和廉政建设白皮书》，对行政权力进行监督的机制在我国已形成了由中国共产党党内监督、人大监督、政府内部监督、政协民主监督、司法监督、公民监督和舆论监督组成的具有中国特色的监督体系。传媒监督作为一种符合时代特征的监督体系在行政监督中发挥着独特作用，这主要取决于：首先，党和政府的一贯要求。建立媒体对于行政权力的监督，除了出于公共利益的考量，也是权力主体取得合法性、保证政权平稳运行的要求。其次，权力滥用时有发生，这是传媒监督存在的客观原

---

① 毛秀娟：《行政权力的行使与限定》，载《齐鲁学刊》，2003年第2期，第99—100页。

因之一。公权力的私用、对职权外事务的行政干涉在现实政治实践中并不鲜见。有因必有果，滥用就是因。最后，人民群众的要求和呼声。随着技术网络化和社会的流动，人们多渠道地接触到政治的内源，也更多地关注到自身与国家之间的利益关系。

(一) 国内外对于媒体监督与行政权力关系的研究

白旭晔认为，现实实践中，传媒监督与行政权力存在着对立统一的关系。[①] 首先，是目的的一致性。代表政府和公众对行政权力进行监督是两者的共同利益所在。其次，是对象的一致性。二者都将政府机关及其工作人员的行政行为作为其监督的对象，关注行政行为的合法性和合理性。但是传媒与行政并不是永远和谐统一的两者，行政权力在其认为必要时会排斥传媒的监督，甚至运用日益膨胀的权力侵蚀、操纵传媒。

周莉认为，媒体监督对于规范行政权力健康运行有着重大的作用和利益。行政权力在扩张的过程之中带有盲目性和任意性，如果缺乏某种权力的监督，那么后果不堪设想。同时，在实践中，新闻媒体正是一种刚柔并济的权力主体，媒体的功能如穿透性强、范围广泛也决定了它能够保障行政权力的健康运行。

丁文婷则以"媒体方式"为视角，将媒体作为桥梁和纽带，把政府人员行为及信息对外披露纳入观察的视线，并把公民对其行为即对权力行使的反馈也纳入观察中，这使我们能够更好地研究媒体监督行政权力过程中所面临的复杂环境和它在制度选择中所产生的多维意义。

---

① 白旭晔:《论当代中国媒体对行政权力运行的制约》，载《陕西广播电视大学报》，2012 年第 3 期。

在国外学者的研究中，我们也能看到相关的论述。诸如安东尼奥·葛兰西提出的"文化霸权理论"认为，某个居于支配地位的阶级不仅统治着社会，而且通过其在道德和精神方面的影响力控制着社会。学者阿特休尔也认为，新闻媒介与政治、经济势力之间存在着密切的关系，媒介只能是某种强权势力的代言机构。因此，引发了学界对于传媒监督的实际作用的探讨。

（二）国外媒体监督对行政权力监督现状

1. 媒体监督与政治透明化

在西方以大选为主要角逐擂台的国家，舆论的支持无疑是各家争夺的"宠儿"。这一点就连在"自由人的天堂"的美国也不例外。在美国的竞选文化中，每每有因为政治丑闻而落选的政治大腕。一旦政治生涯出现了污点，政治人物即成为道德审判席上的被告，被推上舆论的风口浪尖。1972年发生的美国政治史上著名的"水门事件"，《华盛顿邮报》以大幅版面刊登窃听事件，其后美国各大电台和媒体也加入到抗议和谴责大军之中，尼克松面对舆论的一致指责不堪重负，只得辞职以示负责。除了这次事件，20世纪90年代的克林顿丑闻的愈演愈烈也与新闻媒体的报道密不可分。西方媒体大多乐于尖锐批评和披露政治丑闻、政治人物私生活，因此身为政治舞台上的演员们自然也要与之保持良好的关系，至少不要被自己的错误和媒介无穷的兴趣"扯着后腿"。当然除了这些，西方媒体也会对政府工作人员和内容提出自身的看法。例如英国就坚持"国家事务和社会活动公开"的原则，把公众和舆论监督作为促进和改善行政管理、防止政府机关和公务员腐化的重要手段。甚至是在议会公开辩论时，电台、电视台都现场转播，公民也可以旁听；公民可以向政府机关索取除法律规定的机密以外的各种文件和材料；议会的行政监察事项公开发表。

汤水富在《国外新闻舆论监督的作用与影响》中认为，从各国的实践看，舆论监督的实际效果主要是取决于政府过程中展现出的透明度和公民知情权的落实情况。在有的国家，公民的知情权受到政府的压制、不被重视，因此公民很难参与到政府过程之中，制度化水平的低下造成了政治和社会的不稳定，例如非洲和东南亚的一些国家。这就是亨廷顿三等式的现实表现。

2. 西方媒体监督的实质

在很多国家，舆论监督犹如一把利刃，仿佛随时穿透政治人物的"心脏"，他们不得不战战兢兢地处理个人的私生活和某些言论，唯恐舆论将自己推向风口浪尖。因为一旦这样，政治丑闻和失当言行随时会将政治生涯毁于一旦。同时，新闻界同行之间激烈的竞争，也迫使它们千方百计地调查政府的活动，一旦发现任何不轨行为的蛛丝马迹，便会穷追不舍。这使政府官员很难长期营私舞弊而又不被发现和追究。但这背后，也存在众多的原因。上海行政学院的张志海在《西方新闻媒体监督：历史、实质与趋势——以美国为例》中就提出几个"需要"：(1) 维护资本主义制度和政党制度的需要。(2) 制约政治权力的需要。(3) 为影响政府和政策调整而制造舆论的需要。(4) 缓解社会矛盾的需要。(5) 争取媒体自身利益（如销量、名誉）的需要。[①] 可见，媒体监督在西方政治实践中所具有的作用不小，甚至作为政治在社会舆论中的延续和补充发挥效用。

但是，我们不能不看到，新闻媒介对于政治过程和政治人物的监控在一定程度上有助于为合法的权力运行和政治的稳定保驾护航，同时，它作为一个公共化的"发泄品"，也保证着公民和社会减少采取过激的行动，以某种稍平和的方式参与到政治监督中去。

---

① 张志海：《西方新闻媒体监督：历史、实质与趋势——以美国为例》，载《上海行政学院报》，2008年第5期，第88—90页。

(三) 对媒体监督作用的已有成果

1. 媒体监督作用论

此观点的支持者,例如中国人民大学的杨光斌教授认为,媒体对国家行政具有监督能力,传媒监督在一定程度上发挥着其应有的作用。在他主编的《政治学导论》一书当中就有这方面的探讨。

(1) 信息传递作用。媒体通过报刊、电视、广播以及网络等途径,将政府制定的政策信息、法律法规等传播到社会,在政府和社会当中搭起信息的桥梁。

(2) 社会热点追踪,形成舆论压力。随着信息时代的到来,媒体的触角伸向了政治经济社会的每一个领域,其敏感度和专业度大大提升,其对社会热点的探讨实时影响着民众对特定问题的导向,对政府形成了一定范围的压力,促使其顺应民意或积极履职。

(3) 监督行政行为与工作人员。近年来的网络揭腐不断刺激着政府官员的神经,被认为是一种"新型反腐"。同时,对于官员的财产公开和真实性的检查监督,呼声也越来越高。叶祝颐在《官员财产公开制度应加档提速》中认为,公务员主动公开财产接受民众监督应成为法律制度常态。①

2. 媒体监督作用缺失论

此种观点的持有者们认为,媒体监督存在着局限性,并不能实现监督的真实意图,反而存在诸多隐性问题。

(1) 监督力度小、易受权力影响。学者叶祝颐认为,"我国现阶段对行政权力的媒体监督对象层级过低、范围较窄,媒体监督对

---

① 叶祝颐:《官员财产公开制度应加档提速》,光明网,http://guancha.gmw.cn/2014-03/25/content_10788584.htm(访问时间2014年3月10日)。

象大多集中于乡镇以下的基层机关、基层干部,涉及较高层次的领导机关、领导干部的甚少"。传媒独立性不高,受到膨胀的行政权力的影响就越大,例如干预编辑自由等。这是政治至上、权力至上的信条对舆论监督的阻碍。

(2)报道分寸难以把握和真实性有欠缺。如今有些媒体只追求眼球、不追求真相等不正之风蔓延,同时专业化程度也比较低。"薛蛮子"事件,正是网络大V利用网络散播虚假信息,而传媒没有务实审查,肆意传播,导致公众受骗、传媒公信力受损。

(3)存在利益交换现象。① 学者张壁耕认为,媒体人的职业道德缺失、价值观的扭曲也是不容忽视的现象。权钱交易、"有偿新闻"、误导舆论的现象也时有发生。这对社会大众来说,是一种滥用话语权、愚弄公众的行为。

(四)对本研究的启示

传媒监督是一种新的监督形式,其存在巨大社会动员力的同时也承载着许多深层的压力,考验着其承受与进步与否的能力。而目前的大多数研究对于媒体对行政权力监督的作用论述不充分、不完全,对于监督现状的整体把握不足,难以对实践提供有效的理论指导作用。因此,全面看待舆论监督、探索舆论监督的新形式和提升舆论监督水平是刻不容缓的。

---

① 张壁耕:《当前我国媒介权力的异化与制约》,光明网,http://guancha.gmw.cn/2014-03/25/content_10788584.htm(访问时间2011年4月10日)。

三、行政权力与媒体监督

（一）行政机构与行政权力的相关研究

1. 何为行政机构

从国家层面说，行政机构的划分因其政体的不同而不同。在总统制的国家里，最高行政机构产生总统，其他成员由总统任命，总统向选民和宪法负责。在半总统制国家里，总统由选民产生，而总理由总统任命，内阁由总理或总统（例如俄罗斯）任命，向议会负责。在内阁制的国家里，最高行政机构是内阁，由议会中占多数席位的政党或者政党之间的联盟组成，其首相由多数党的领袖担任。在委员会制的国家，如瑞士，最高行政机构是由议会选举产生的委员会，向议会负责，成员彼此之间地位平等，实行集体决策。

根据统计行政部门内部各机构之间的分工和不同的职能配置，分为领导机构、办公机构、咨询机构、信息机构、职能机构、派出机构和监督机构。由于本文着重强调的是国家层面的行政权力，所以在这里介绍行政权的内涵。行政权包括统一领导行政部门工作，根据宪法和法律制定行政法规和行政措施，编制和制定国民经济和社会发展计划，发布行政命令、向立法机构提出议案，领导和管理经济、社会、文化、卫生和体育等工作，管理对外事务，维护国家安全，以及负责行政机构内部编制和人员的管理等。①

2. 行政权力的相关研究

若要从媒体的角度阐述其对行政权力的监督，首先要了解国内外对行政权力的研究。（1）早期分权说。早期的分权理论的代表人

---

① 张明军、孙力：《政治科学导论》，北京大学出版社2007年版，第61页。

物当属古希腊的先哲亚里士多德,他的分权思想影响着古希腊、罗马时期、中世纪甚至近代以降的政治学者,对权力的分类起到先导作用。(2) 三权分立说。关于立法、行政、司法的三权分立,最典型的是美国,理论来源于法国学者孟德斯鸠。英国学者洛克也曾提出过行政权、立法权和对外权分立的观点。(3) 政治与行政二分法说。对其进行全面阐述的是美国的古德诺,此种观点的提出催化了作为行政学的诞生。(4) 五权分立说。在我国的中华民国时期被孙中山所采纳,分别是立法、行政、考试、司法和监察五种权力的分立。(5) 议行合一说。其核心是立法权与行政权的合一,在苏联和当今中国都有其表现形式。

行政权力作为由来已久的一种权力,无论其意味的仅是行政机关的执行权力,还是包含决策权力,都已经对现代政治有着极其重要的影响。行政机构在现实生活中,不断加深自身的影响力、延伸自身的触角,在作出行政决策或是执行中不断增强。行政机构作为国家的决策中心首先体现在不少的国家,行政机构已经成为了实际上的"立法者",无论是在公共生活中的行政机关抑或是在私人单位中的行政部门都已经成为了领域内的"立法者"。其次是立法之外的一些政策制定的过程中加强了其权力。这一点在外交领域或者是经济领域已经是一种不可忽视的现象。最后,行政机构在其执法的管理方面,不断地扩张着自身的功能。总的来说,现代行政机构功能的扩大主要表现在五个方面,分别是管制、分配、生产、(资源)提取、防御等方面。①

---

① [美] 赛缪尔·亨廷顿、乔治·多明格斯:《政治发展》,见《政治学手册精选》(下册),商务印书馆1996年版,第211—212页。

(二) 媒体监督的内涵及必要性

1. 新闻媒体的定义及功能

新闻媒体，亦称大众传媒，是 20 世纪 20 年代以后出现的一个概念。一般来说，新闻媒体包括纸质媒体（报刊）和电子媒体（广播、电视）两种。随着互联网的兴起，作为"新电子媒体"的网络逐渐成为一种新的媒体类型。

新闻媒体的政治功能：（1）传播信息。作为媒体的首要功能，新闻媒体将国家的法律、法规和方针政策、新闻资讯等通过其向社会传播，使公众通过新闻媒体得知社会动态，拓展视野。（2）政治社会化。这一点与第一个功能有关，新闻媒体在传播信息的同时，将政治态度和政治知识传播给社会大众，使其在不知不觉中形成特定的政治观点和态度，形成政治技能。（3）影响舆论。新闻媒体因其具有的独特的传播渠道和广泛的影响力，在公众之间能够建立舆论观点、制造全民话题，从而引导大众的舆论方向，作为一种意见领袖而发挥作用。（4）影响议程设置。新闻媒体在影响社会大众的同时，也将其压力施向政府。往往是在社会上形成热议的话题，继而迅速地进入政府的视野，从而将其纳入政府议程，为其探索解决之道。这一点在实践中并不少见。（5）监督政府部门及人员。新闻媒体的传播具有广泛性、互动性和迅捷性，在实践中产生了强大的舆论能力，因而在监督政府部门的工作和工作人员个人时，不知不觉中也在一定程度上有效地规范着政府及公务人员的行为。

2. 媒体监督的法理和现实依据

首先，媒体监督是宪法赋予的权力。我国宪法第 35 条规定："公民有言论、出版、集会、结社、游行、示威的自由"；第 41 条规定："公民对任何国家机关及其工作人员，有批评和建议权"；第 27 条第 2 款："一切国家机关和国家工作人员必须依靠人民的支持，经常保持同人民的密切联系，倾听人民的意见和建议，接受人民的监督，努力为人民服务"。上述《宪法》的规定，确立了媒体监督的宪法地位。① 其次，传统监督方式作用有限。在现实政治实践中，传统的监督包括党内监督、政府内部监督、司法监督等作用受限，无法形成合力，导致监督的真正意义得不到实现，并没有形成对行政权力的有效制约。因此，新媒体的出现能够在一定程度上弥补传统监督的作用的缺失，形成新一轮的监督力量，对行政权力进行监督和间接制约。但是，并不能就此认为新闻媒体的作用能够发挥淋漓尽致。首先，新闻媒体的监督并不能在实质上对行政权力起到制约作用，因为媒体首先是受到党和政府的一定程度上的控制和干预的，它只能营造出一种氛围和压力迫使政府履职；其次，在实践中，新闻媒体仍然有着不可逾越的主观和客观缺陷，在后面的论述中我们将加以探讨。

四、媒体监督的现状——挫折及突破

（一）挫折与挑战

媒体与政府的关系大多表现在新闻自由度方面。新闻媒体在与政府地不断斗争中，逐渐将真理和现实进行融合，追寻着某种契合。

随着民主社会的发展，政府在其施政过程中，逐渐意识到媒体在影响舆论、监督政府方面的重要性。因此，各国政府都运用法律和行政手段对新闻媒体进行限制，他们甚至通过加强对通讯社、电台和电视的控制，通过对外发布信息来制造舆论，即使在媒体监督

---

① 闫玉霞：《论我国行政权力运行的新闻舆论监督》，载《泰山学院学报》，2008年第3期。

作为第四权的美国社会也能看到。例如美国联邦通讯委员会，则要求所有电台、电视台遵守"同等原则"、"公平原则"等来保证"公共利益"。法国的《自由出版法》也规定，在司法警察证实报刊构成对国家安全的威胁时，省长有权查封。实践中，行政干预新闻编辑及其内容也时有发生。① 以上的事实告诉我们，媒体在履行其监督功能时，不免受到行政权力一定程度上的干预，其独立性具有一定缺陷。

其次，从主观来看，媒体监督所遇到的挫折也不乏来自其自身。媒体除了关注官方发布的信息之外，还热衷于跟踪政要和官员的一举一动，一旦有任何风吹草动便急于曝光，而不顾及其社会效应和真实性等内容，追求快、狠，而忽视了准。看准销量和点击量便是最重要的原因之一。通过新闻媒体逐步成为立法、行政和司法之外的第四种权力，固然可以加深对行政机构和工作人员的监督和约束，但是这种做法早已不新鲜，上世纪就已经普遍，在媒体对于政治的监督发展过程中，如何规避弊端、克服挫折和困难早已经成为了我们的课题。

(二) 案例分析：从"揭腐"报道看突破

尽管媒体监督在一定程度上受到限制，在千变万化的当今社会，由于民主政治的要求、民众政治意识和技能的提升，新闻媒体也在不断地拓宽其监督领域、挖掘其深度和广度。在中国，随着近年来网络反腐的兴起，一大批贪官、腐官浮出水面，为大众媒体监督开启了新的局面。

2009年，南京市江宁区房产局原局长周久耕因发表"将查处低于成本价卖房的开发商"的不当言论，引来网民的人肉搜索，从而

---

① 杨光斌：《政治学导论》，中国人民大学出版社2011年版，第177页。

发现其佩戴的奢侈名表。这最终也引来调查，周久耕被移送司法机关，因受贿罪被判处有期徒刑 11 年。从上位到入狱，网络反腐见证了一代贪官的辉煌到落幕，也开启了网络反腐的浪潮，在其后的几年间，网络成为"新电子媒体"揭腐的重要渠道。

但是，除了看到揭腐报道的正面效应之外，我们也要清醒地认识到一些问题。

首先，关于网络反腐的法律并不完善，可以说是"无法可依"的状态。我国最高检发言人曾说："我们现在提倡网络举报，这会对举报人提供一个很好的保护。我们绝对不提倡在公共网上举报。因为被举报人在知道这些事情之后会有所准备、会串供和消灭证据，反之，被举报人会告其诽谤，司法机关又只能追究举报人的诽谤责任"。这样一来，事实非但没有厘清，反而与初衷适得其反。虽然网络反腐仍然不成熟，存在着虚报、造假和诽谤等现象，但是作为一种新的监督政府及其工作人员的方式，网络反腐不容小视的同时也不应该代替法律进行审判，而是应该加强立法反腐，给予网络举报一定的程序和过程，使其合法化、程序化。

其次，除了法制不健全之外，如今的揭腐报道中存在着曝光涉私照片、视频等内容，是否这也是一种合理的监督或举报行为？但也有一些网友认为，虽然官方支持群众监督、多元反腐，但前提是在法律框架下进行，这种"非常态"手段往往涉嫌隐私侵权，偏离了法治轨道，无异于"以毒攻毒"。因此，规范设定法制框架和规制新闻报道同样是重中之重。

二、媒体监督行政权力的问题及建议

新闻媒体一方面可以为民众发声，对政府及其工作人员形成舆论压力，从而对权力进行有效监督；另一方面，也有可能被统治集团所利用，从而成为政府控制社会的工具。最后，它自身的廉洁和自律也极其关键。因此，媒体监督的建设才更具有必要性。

2014年，对于中央电视台来说是前所未有的一个时期，在这一年，百度上的一个热门搜索是央视财经频道主持人芮成钢被调查。事实上，不仅是芮成钢，央视财经频道总监郭振玺、制片人田立武在此前就已被检方立案侦查并采取强制措施。央视本是官方媒体，但就是在这里，依然出现了腐败案。这场腐败案掀起了一场巨大的风波。此事件过后，《北京观察》曾评论道：应当以此为契机，摆正改革方向和官媒角色定位，让提供公共服务的新闻事业，与开展市场化运营的新闻产业能够较清晰地区分，避免亦官亦商带来的灰色地带。

（一）存在的问题

正如文章的综述部分谈及，政府和舆论是互相需要的，这一点无论是在西方国家还是中国都是相同的。在美国，政党和政治人物都需要舆论的支持才能在执政中稳如泰山，若舆论倾向于对立面，则对当权者会有不小的触动；而新闻媒体又需要以这种"舆论投诚"的方式与政权和政治人物交换信息、内幕甚至政治利益。在这一方面，二者成互惠互利之势。

但是在中国，所有的新闻媒体，它们的一举一动不止对民众，也要对党和国家负责。所以，媒介在自身的发展过程中不得不考虑自己的身份和立场，以及自身的言论对舆论导向和对社会、民众的影响。如若忽视了这一层面，缺乏了一定的政治觉悟，那么必然会踩红线，这又使得很多媒体不明权限亦不明责任。另外，在现实中，政权机关草木皆兵，对一些常态化的事件也采取封报、拦网、屏蔽的手段。导致现在很多对政府有促进作用的新闻报道都是来自国外的中文媒体，是他们锲而不舍地报道中国的政治事件、政治人物。同时，越来越多的人喜欢向海外媒体爆料来给政府带来压力，改变事态发展的走向。从这一方面来说,中国的媒介在报道中往往后知后觉或根本不敢触及敏感问题,这就必然导致例如报道不全、范围受限、公信力下降……下面的论述中就来谈一谈目前的媒体监督存在的典型问题。

1. 媒体权力异化

如我们所知,新闻媒体相对于面对面的沟通,其优势在于可以接近无限多的受众,因此具有广泛的传播性,通过网络和电视等,又可以迅捷地传播信息,具有迅速性。因为这些优点,媒体具有强大的舆论影响力。但也正是因为如此,新闻媒体也存在着话语权暴力和寻租等弱点。本来媒体作为第四种权力的出现有着其不可替代的作用,但也正是因为其力量的强大,也就存在着某些变相的风险。权力的异化也是其在发展过程中难以避免的。首先,媒体人的带有主观色彩的言论容易利用媒体进行传播,造成语言暴力,对当事人形成强大舆论压力。同时,利用其话语权进行权钱交易,成为他人的喉舌,从中牟利。方式主要有两种:一是假借曝光,实则威胁,甚至敲诈报道对象;二是极尽吹捧被报道之对象,企图混淆视听。除了赤裸裸的权钱交易外,还有变相的拉广告、拉赞助等等。除了以上所触及的原因之外,经济利益已经成为了一架奔驰在高速上的马车,拉动着新闻媒体从政治过程当中谋取所需。

2. 与政治权力存在微妙关系,使其独立性受挫

新闻媒体与政府关系存在对立性。(1)"正面"传播与"负面"报道的矛盾。行政者希望媒体在进行行政信息的传播时多正面报道、少负面报道,以避免作为行政机构的政府以及领导干部的公信力和公共形象受损。[①] 但媒体不仅要帮助政府报道信息、传播政策,同时

---

① 王怡:《论当代中国媒体对行政权力的制约》,载《工会博览:理论研究》,2009年第9期,第60页。

对政府有监督责任。政府的坏新闻是新闻媒体的"好"新闻。新闻媒体既可实行监督，同时又可以博得眼球。（2）信息公开与非公开的矛盾，一方面媒体希望通过各种渠道获得政府更多的行政信息，从而掌握信息发布的主动权，占领有利位置。但是实践中，行政部门却控制着大量的行政信息和资源不向外界开放。

正是因为以上的对立性，行政部门也开始注意把握对新闻媒体的控制，通过法律和规范的制定、行政权力的扩张对其进行管制，对其内容和权限展开限制（如上文所述），使其为统治者服务。由此中国媒介深深地打上了政府垄断的痕迹，当长期定位为党和政府喉舌的中国媒介与市场化遭遇时，便导致了媒企业在其市场化的发展进程中的政企不分、效率低下、权力意志盛行等种种问题，表现在媒介规制上就是媒介规制的机构设置不合理、媒介规制不透明、媒介规制缺乏常规化、媒介寻租现象严重等弊端，几乎所有的政府领导都可以制定媒介方面的规制，对媒介指手画脚。[1]

3. 新闻报道者素养参差，报道质量不一

新闻报道者的素养包括专业素养和思想道德素养两方面。作为透视社会的"眼睛"，新闻人不仅要具有独特的新闻视野，发掘有价值的新闻和报道，也要具备基本的专业素养和思想道德素养，两者缺一不可。没有良好的专业素养就无法进行高质量、负责任的报道，而没有思想道德素养，就容易造成虚假报道、语言暴力甚至是权力寻租。无论是对公众来说，还是对民主政治的发展来说，新闻人缺失这两个素养都会导致媒体公信力的丧失、舆论的一片混乱。如2011年日本福岛核电站泄漏事件后，媒体对于盐荒危机的错误报道就导致了中国沿海部分省份的食盐被哄抢。在当今的新闻界，存在此种现象并不少见，不实报道充斥着新闻界面，民众难以辨别，造

---

[1] 喻国明、苏林森：《中国媒介规制的发展、问题与未来方向》，载《现代传播》，2010年版第1期。

谣者和辟谣者相继登场,一场场舆论大战轮番上演。"秦火火事件"就是对媒体公信力的挑战,没有不负责任的媒体,就不会有不负责任的谣言的扩散传播。由此,我们可以得出结论,媒体作为信息传播的一个桥梁,其对自身的约束和监督也是不容忽视的重要方面。

(二) 一些建议

1. 对媒体实行差异化管理

对媒体实行差异化的管理,是现代社会实践中的必然趋势。这不仅是民主政治和社会发展的要求,也是中国政府在规范媒体发展的过程中探索的一个方面。

对新闻媒体实行差异化管理,其主要表现为将新闻媒介划分为经营性和公益性新闻传媒两类,按照不同的分类管理方式对其进行扶持和引导。这能够使国家利益和社会利益、政府利益与个人及组织利益有一个良好的区分,使公益性新闻媒介能够发挥其公益性质、提升公共福利,也使经营性新闻媒介把握好其自由边界,在法律规范和政府有效管理下实现良好发展。在区别利益的条件下,在两条不同的道路上,才能将新闻媒介应有之义发挥到极致。

然而,目前我国的媒介规制对媒介业的产权制度的规定是极为模糊的。从经济学的角度看,只有产权明晰且具有排他性,才能带来责权利的统一,从而激励产权的所有者寻求产权带来的最优价值。但实际情况是,正是由于中国媒介产权的非排他性,导致政治权力无法与经济利益分离,从而引发媒介寻租和腐败现象。[①] 在表1中,我们可以看到自20世纪70年代至今中国政府在寻求媒体差异化管理道路上的一些标志性的文件,它们记录下了中国政府对于媒介规制的探索之路。

[①] 喻国明、苏林森:《中国媒介规制的发展、问题与未来方向》,载《现代传播》,2010年第1期。

表1 1979—2008年中国政府有关媒介规制的标志性文件

时间	发文部门	文件名称	主要内容
1983	广播电视部	《关于广播电视工作的汇报提纲》（中共中央37号文件）	确定了"四级办台"的事业建设体制。
1996.12.14	中共中央办公厅、国务院办公厅	《关于加强新闻出版广播电视业管理的通知》（37号文）	按照"控制总量、调整结构、提高质量、增进效益"的原则，治理散滥，促进新闻出版和广播电视业从扩大规模数量为主向提高质量效益为主转变。
1999.9.17	信息产业部、国家广播电视总局	《关于加强广播电视有线网络建设管理的意见》（国办82号文）	提出了"四级变两级"的广播电视改革体制，同时提出组建广电集团。
2001.8	中共中央宣传部、国家广播电视电影总局、新闻出版总署	《关于深化新闻出版广播影视业改革的若干意见》（中办17号文件）	提出文化体制改革要以发展为主题，以结构调整为主线，以集团化建设为重点和突破口，着重在宏观管理体制、微观运行机制、政策法律体系、市场环境、开放格局5个方面积极进行探索创新，以进一步壮大实力，增强活力，提高竞争力。第一次明确要求积极推进集团化建设，实行跨媒体、跨地区经营，把集团做大做强。
2003.7.10	中共中央宣传部、国家广播电视电影总局、新闻出版总署	《关于文化体制改革试点的意见》（中办21号文件）	将媒介业按资源、属性的不同分为公益性事业和经营性产业两类。

（续表）

时间	发文部门	文件名称	主要内容
2005.12.23	中共中央、国务院	《中共中央、国务院关于深化文化体制改革的若干意见》（中发〔2005〕14号文）	强调区别对待、分类指导。公益性文化事业要增加投入、改善服务，经营性文化产业要创新体制、壮大实力。
2009.9.26	国务院常务会议	《文化产业振兴规划》	强调传统媒体与数字媒体的交替、文化产业跨区跨行并且做大加强、吸引社会资本以及建立中国文化产业投资基金。

资料来源：喻国明、苏林森：《中国媒介规制的发展、问题与未来方向》，载《现代传播》，2010年第1期。

2. 加快传媒立法，树立行业道德规范

法律是最坚实的保障，在传媒迅速发展的今天，传媒立法更是具有不可动摇的重要地位。传媒立法，一方面可以保障新闻媒体的独立性，给予其法定的新闻自由，避免受到行政权力的干涉；另一方面，也是政府对新闻媒体进行监管的重要方式和途径。自由是法律之下的自由，新闻自由是有限的自由，是不妨害国家安全和人民利益的大前提下的自由，而不是漫无边界的自由。因此，法律对新闻媒体的采编、出版和信息发布应该要有明确和详细的规定，确保国家和人民利益得到保障。在转型期内，媒体发展还不很全面，媒体的越权审判，甚至不实报道都会给社会和公众带来危害，因此，此类法律规范的存在和规制就变得更为紧迫。而目前，我国的传媒立法规制几乎是空白，"从所出台的媒介规制的程序来看，我国的媒介规制多是行政命令而少有法律条文，甚至有些规制就是会议上一个领导的讲话或是一个电话的招呼"。归根究底,我国缺少一部真正的《新闻法》。2011年3月10日,吴邦国宣布,中国特色的社会主义法律体系正式形成。对此我国著名的法学家江平曾多次表示说,要再加上一部《新闻法》,中国的法律才真正地形成了一个体系。

当然,除了法律的监督和保障之外,行业自律也是媒体人必不可少的。除了行业协会制定的道德规范之外,各个具体的新闻传播公司、部门等也应该具有自律精神。只有具备职业操守和道理规范的新闻媒体,才能做出负责任、质量高、具有真实性、触动人心的新闻报道,才不会导致新闻出版界的乱象丛生,树立起行业的公信力和影响力,从而更好地履行其监督职责。

3. 行政机关的良好作为

在我国的政治实践中,公民表达的空间并不大。这是因为新闻媒体长期被定义成是党和国家的喉舌,它们在体现公民意志、引导舆论方面受到了党和政府的诸多限制。① 因此,行政机关的良好作为和给予新闻媒体一定的新闻自由就显得格外珍贵。

首先,行政机关应该提供宽松的舆论环境,对社会问题和政府管理存在的缺失进行适当评说,让更多的声音通过媒体透进政府,从而促进行政管理水平的提高。其次,行政机关只需将监管的角色落实好,而不是与新闻媒体保持"紧密"联系。从这个层面来说,行政机关应当适度抽离,给予新闻媒体更多发挥的空间。自中共十八大以来,中央致力于反腐倡廉。而现实中,遏制腐败最好的办法是管住权力,对权力进行有效的监督,使得新闻媒体的监督更加深入,更富有活力。

---

① 喻国明、苏林森:《中国媒介规制的发展、问题与未来方向》,载《现代传播》,2010年第1期。

六、总 结

真正意义上的法治强调"法律至上"、"法律主治"、"制约权力"、"保障权利"的价值、原则和精神,是维护公共利益、保证政治权力合法、维护社会和谐稳定的重要制度保证。随着现代民主政治的发展,社会要求越来越多的权力,而社会与政府的博弈结果便是一个权力均衡的结果。① 媒介在其中扮演了重要的角色。

本文对媒体监督与行政权力研究进行了一系列的回顾,又通过现实性的案例分析当前媒体监督的现状,经由分析当前存在的问题以提出在实践中或有所作用的建议。新闻媒体作为监督政府的一项有效手段,在发展中不免存在着诸多的问题和缺陷,但是这并不妨碍其大部分作用的正常发挥。媒体通过报刊、电台、电视和网络等将信息在社会中进行传播,从而实现舆论建立、政治社会化和议程设置等作用,在很大程度上,影响着政治和社会的发展。

驯服行政权力需要政府不过分地干涉公共领域,提供宽松的舆论环境,但是反过来,新闻媒体也需要政府的监管,从而把握好其报道的尺度和真实性,而又不妨碍正常的国家和社会运作。在中国,有句话叫做"水能载舟,亦能覆舟"。如何做到张弛有度,考验着执政者的智慧。目前,中国政府应该做的不是照搬西方民主国家的做法,将新闻自由"神圣化",而是要在社会主义市场经济的条件下,探索并选择一条适合中国新闻传媒发展的独特道路,运用好媒体监督,将行政权力的运作置于大众的视野之下,更加有效地进行权力监督和约束。

---

① 宋玉波:《驯服权力需要宽松的舆论环境》,人民论坛 http://paper.people.com.cn/rmlt/html/2013-11/01/content_1324659.htm(访问时间 2013 年 12 月 10 日)。

共同价值建设与国家认同

——基于三个国家的比较研究

胡淑佳[*]

【摘 要】 国家认同乃是当今世界极富关注度的话题,本文发现新加坡、美国、瑞士这三个国家就基本国情来说存在着较大差异,但其国民却都具有高度的国家认同。经过探讨,本文认为共同价值建设的成功是这三个国家殊途同归的关键。同时,本文认为这三个国家的共同价值建设也可以为中国加强国家认同建设、增进国家认同程度提供经验与借鉴意义。

【关键词】 国家认同 共同价值 新加坡 美国 瑞士

一、引 言

"国家是人民的国家",这几乎已经在全世界形成共识,"现代社会高度依赖它的公民的各种形式的承认与合作,国家的结构在很大程度上取决于它获得这种承认的能力"[①]。因而一个国家能否得到其公民的认同也成为了关乎国家命运的重要因素,它影响着一个国家的经济发展、社会和谐、政治稳定。

---

[*] 胡淑佳,华东政法大学政治学理论研究生。

[①] [美] 布莱克:《现代化的动力——一个比较史研究》,段小光译,四川人民出版社1988年版,第14页。

本文发现新加坡、美国、瑞士这三个国家虽然基本国情存在着许多差异，但其国民却都具有高度的国家认同，本文试图探讨究竟是何因素致使这三个国家殊途同归。本文希望通过多案例求同法的论证方式寻找此关键因素，从而为中国加强国家认同建设、增进国家认同程度提供经验与借鉴。

二、文献回顾

国家认同作为一个重要概念，在学术界中被广泛讨论。国内外学者对国家认同的影响因素已经有了不少探讨。

亨廷顿在《我们是谁?》[①]一书中指出经济的全球化，通讯与运输的现代化，移民问题的严重化，全球民主的拓展，以及苏联的解体与冷战的结束，尤其是城市化和全球化，导致人们重新思考和定义他们的认同。即这些因素都会影响国家认同。彼得·卡赞斯坦主编的《国家安全的文化》[②]一书中提到国家所处的全球或者国内环境的文化或者制度因素塑造了国家的认同。简而言之，国家的认同受到世界文化模式或者规范的影响。

外国学者通过实证调查研究性别、年龄、受教育程度等因素与国家认同之间的关系。[③]如 Moghadam、Legge Jr、Evans & Kelley、

---

① [美]塞缪尔·亨廷顿：《我们是谁？美国国家特性面临的挑战》，程克雄译，新华出版社2005年版。

② [美]彼得·卡赞斯坦主编：《国家安全的文化：世界政治中的规范与认同》，北京大学出版社2009年版。

③ See①Moghadam, V. M., Gender and revolutionary transfor-mation, quoted in M. D. R. Evans and J. Kelly, "National Pride in the Developed World: Survey Data from 24 Nations," *International Journal of Public Opinion Research*, vol. 14, no. 4, 2003. ②Legge Jr, J. S., "Antiforeign Sentiment in Germany: Power Theory Versus Symbolic Explantion of Prejudice", *The Journal of Politics*, vol. 58, no. 2, 1996. ③Evans, M. D. R. and J. Kelly, "National Pride in the Developed World: Survey Data from 24 Nations", *International Journal of Public Opinion Research*, vol. 14, no. 4, 2003. ④Smith, T. W. and S. Kim, World Opinion, "National Pride in Comparative Perspective: 1995/1996 and 2003/2004", *International Journal of Public Opinion Reaseach*, vol. 18, no. 1, 2006. ⑤Kunovich, R. M., "the sources and consequence of Nationa Identification", *American Siciological Review*, vol. 74, 2009. ⑥Zachary Elkins and John Sides, "Can Institutions Build Unity in Multiethnic States?" *American Political Science Review*, vol. 101, no. 4, 2007.

Smith & Kim 都对性别是否影响国家认同的问题进行了研究，Moghadam、Legge Jr、Evans & Kelley 认为性别对国家认同无影响，而 Smith & Kim 则认为性别对国家认同有微弱的影响。Legge Jr、Kunovich 研究了教育水平是否会影响国家认同，得出教育程度高的人倾向于低国家认同。Evans & Kelley 、Smith& Kim 还研究了年龄是否会影响国家认同，得出年龄越高国家认同会越强烈。Zachary Elkins & John Sides 研究了国家制度诸如民主制、联邦制、比例代表制是否能提高少数族群的国家认同感。

我国学者在此领域的研究较少，并主要与少数民族问题相联系。(1) 从民族问题产生的角度探讨影响少数民族国家认同的因素。如王婧琳认为影响民族地区国家认同的影响因素有经济发展不平衡、全球化的刺激、国内外分裂分子的影响。① 陆海发、胡玉荣认为影响少数民族国家认同的因素有经济发展问题、现代化的冲击、民族政策的负面效应、境外环境，特别是敌对势力的渗透和破坏。② 持类似观点的还有陆海发和袁娥③等。(2) 从宗教、文化角度探讨影响少数民族的国家认同的因素。如张践认为宗教既可能产生凝聚民族的作用，也可能产生分化民族的作用。④ 桂榕围绕伊斯兰教对回族的国家认同的影响进行了分析。⑤ 蒋大国指出彝族的宗教信仰、家支观

---

① 王婧琳：《"中华民族多元一体格局"视角下民族认同与国家认同关系研究》，中国青年政治学院硕士论文，2012 年。

② 陆海发、胡玉荣：《论当前我国边疆治理中的民族认同与国家认同整合》，载《广西民族研究》，2011 年第 3 期。

③ 陆海发、袁娥：《边疆少数民族国家认同建设的意义、挑战与对策》，载《青海民族研究》，2010 年第 4 期。

④ 张践：《宗教的类型对民族国家认同的影响》，载《西北民族大学学报（哲学社会科学版）》，2012 年第 3 期。

⑤ 桂榕：《历史·文化·现实：回族的国家认同——以云南著名回族社群为个案》，云南大学博士论文，2010 年。

念、风俗习惯等都会影响彝族的国家认同。① (3) 从政策、制度角度探讨国家认同建构。如李梅花认为在中国朝鲜族的国家认同形成过程中,中国共产党的民族政策起了重要作用。② 任勇认为古代西南民族地区的国家认同主要依靠历史记忆、社会记忆、文化传统,而近代以来通过制度建构建设国家认同体系。③

我国学者也对其他国家和地区的国家认同进行了研究。王立新认为影响美国国家认同的主要因素包括两个方面:一是共同的历史经验以及在这一经验基础上产生的共同的文化;二是对共同的政治价值观和理想的信奉。④ 史海东认为民主化在瑞士建立从无到有的国家认同的过程中有着巨大作用,民主体制的确立提高了瑞士的国家认同。⑤ 乔文华认为经济发展、民族和谐、政治措施和意识形态宣称有利于构建新加坡的国家认同,新加坡实行多元民族政策、强调国家意识、进行公民文化教育等方法也提升了其国家认同。⑥ 陈玉瑶指出从高卢人到法兰克人的转变来自于宗教认同与文化认同的先后作用。⑦ 余泳认为伊拉克在战争后民众由于不满政府对美国政府的软弱

---

① 蒋大国:《当代凉山彝族青年民族认同与国家认同整合研究》,云南大学硕士论文,2001年。
② 李梅花:《中国朝鲜族国家认同研究综述》,载《大连民族学院学报》,2012年第2期。
③ 任勇:《国家认同、中国逻辑与国家建设:侧重于西南民族地区的考察》,载《世界经济与政治论坛》,2012年第1期。
④ 王立新:《美国国家认同的形成及其对美国外交的影响》,载《历史研究》,2003年第4期。
⑤ 史海东:《瑞士模式研究》,外交学院硕士论文,2008年。
⑥ 乔文华:《新加坡国家认同的构建与其现代化》,西北大学硕士论文,2009年。
⑦ 陈玉瑶:《从高卢人到法兰克人——浅谈促成族群对国家认同的原因》,载《世界民族》,2008年第6期。

服从而致使伊拉克国家认同走低。①

总而言之,影响国家认同的因素很多,从整个国家层面来讲,影响因素包括国家在国际环境中的地位与状态,国家的族群结构、宗教分布、文化观念、受教育程度、人口年龄结构等。

三、研究方法与框架

本文运用了多案例比较法,选取了新加坡、美国、瑞士这三个国家作为案例,由于这三个国家是具有高度国家认同之典型,且这三个国家的基本国情也各不相同,因而对其为何具有高度国家认同这一问题也更具探究性。

在比较新加坡、美国、瑞士这三个案例时,本文主要采用"求同法"(Method of Agreement)。"求同法是指当某现象发生时,其他条件都可能成立,也可能不成立(不同个案的情况不同),而只有一个条件总是出现(所有个案的情况都相同),那就可推断这个(总出现的)条件是现象发生的原因"②。即本文所分析的这三个国家有相同的现象——高国家认同,而这三个国家在自然地理、人口结构、历史进程、族群结构、宗教分布、文化观念、国际环境等这些诸多影响国家认同的因素上皆有较大差别。本文试图寻找使得这三个国家皆具有高度的国家认同的共同因素,求同法能找出各国高度国家认同的相同原因,而共同原因也必然不可否认地是一个重要原因,从而我们可以发现构建高度国家认同的关键所在。

---

① 余泳:《伊拉克重建中国家认同之缺失》,载《阿拉伯世界研究》,2007年第3期。
② [瑞士] 丹尼尔·卡拉曼尼:《基于布尔代数的比较法导论》,见吴晓刚主编:《社会科学中的数理基础及应用》,格致出版社2011年版,第267页。

本文的研究框架如下所示：

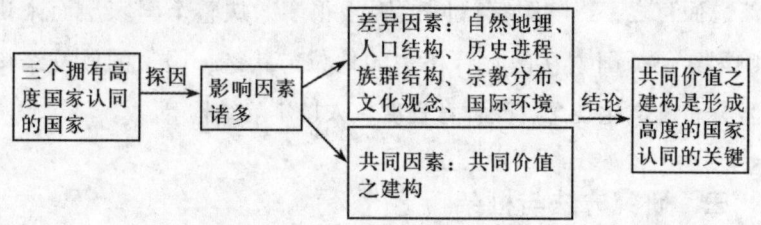

四、"殊途同归"的三个国家

在进行论述前，本文首先对"国家认同"这一概念进行了分析与总结。关于国家认同这一概念的认定是纷繁复杂的，有学者将国家认同作了如下区别："个人对国家的政治权威、政治制度、政治价值和政治过程等方面的理解、赞同、支持和追随……公民对自己祖国的历史文化传统、道德价值观、理想信念、国家主权等的认同。"① 本文认为国家认同可以简单地论述为公民对国家产生的归属感与认可感，"个人一种主观的或内在化的、属于某个国家（民族）的感受"②。如果公民对国家的归属感与认可感低，则该国家出现了国家认同危机。派伊最先提出认同危机概念，并把其列在发展中国家政治现代化过程中所面临八大危机的首位。可以预见，如果一国家的国家认同程度低，便会威胁到国家稳定，阻碍国家发展。本文认为所谓国家认同的构建就是一个国家通过一系列政策或措施有目的地使得国民对国家产生热爱感、归属感、自豪感与忠诚感等正情感。增强国家认同感的手段是多种多样的，改善国家政治经济状况、处理好民族问题、发展民族文化、构建共享价值等都是构建国家认

---

① 参见解志苹、吴开松：《全球化背景下国家认同的重塑——基于地域认同、民族认同、国家认同的良性互动》，载《青海民族研究》，2009年第4期。

② Leonie Huddy and Nadia Khatib, "American Patriotism, National Identity, and Political Involvement", *American Journal of Political Science*, vol. 51, no. 1, 2007, p. 65.

同的方式和路径，各个国家需根据本国实际决定其方式。那么，新加坡、美国、瑞士这三个存在较大差异却都具有高度国家认同的国家是采取了什么路径呢？

（一）三个差异国家

新加坡、美国与瑞士是三个差异较大的国家，下文就这三个国家的自然地理、人口结构、族群结构、历史进程、国际环境、宗教分布、文化观念这些影响国家认同的因素进行阐述。

新加坡是一个城市国家也是一个岛屿国家，其坐落于马来半岛南端、马六甲海峡出入口，北隔柔佛海峡与马来西亚相邻，南隔新加坡海峡与印度尼西亚相望。它由新加坡岛及附近63个小岛组成，总面积710平方公里，其中新加坡岛占全国面积的88.5%。2012年新加坡总人口临时数字为531万，其中328万人属于新加坡公民和53万永久居民简称PR。新加坡公民主要以种族区分：华人即汉族占人口的74.1%；马来人13.4%，印度人9.2%和欧亚裔3.3%（包括峇峇娘惹），占了人口的1/4。大多数的新加坡华人源自于中国南方，尤其是福建、广东和海南省。新加坡在二战后赢来了稳定的国际环境和巨大的发展机遇，由于地处马六甲海峡要道，是亚洲与其他洲贸易的咽喉要道，因而其运输业与贸易业迅速崛起，一举跃上亚洲四小龙的经济宝座，成为亚洲一颗耀眼新星。新加坡古称淡马锡，公元18世纪至19世纪属于马来西亚柔佛王国。1824年新加坡沦为英国殖民地，二战期间被日本占领。1945年日本投降后，英国恢复对新加坡的殖民统治。1959年，新加坡实现自治，并在1963年9月并入马来西亚联邦。1965年8月9日，新加坡脱离马来西亚，成立新加坡共和国。同年9月新加坡成为联合国会员国，10月加入英联邦。新加坡的主要宗教有回教、佛教、基督教、兴都教、锡克教、犹太教以及拜火教。华人大多信仰佛教与道教，马来人信仰伊斯兰教，印度人多信仰印度教。新加坡的文化与其人口结构密切相关，华人、马来人、印度人都维持着各自的文化特点，"新加坡处处都有东方民族风格的街道和庙宇，其中比较有名的有唐人街、小印度和阿拉伯街"①。新加坡因长期受英国殖民统治而颇具西方文化气息，而在新加坡独立后，政府注重对东方传统文化的挖掘与保护，使新加坡成长为极富东方文化气质之城。

美国全称为美利坚合众国，它是一个由50个州和一个联邦直辖特区组成的宪政联邦制共和制国家，北靠加拿大，南接墨西哥。美国本土位于北美洲中部，国土面积约为962.9万平方公里，位世界第四。美国是个移民国家，人口结构复杂，2010年美国人口普查结果显示，美国总人口为3.087亿，白人占64%，拉美裔占16%，亚裔占5%。北美洲原始居民为印第安人，16—18世纪，正在进行资本原始积累的西欧各国相继入侵北美洲，1607年，英国建立了第一个殖民据点——詹姆士城，此后在大西洋沿岸陆续建立了13个殖民地。18世纪70年代英国与其美洲殖民地裂痕渐生，美洲殖民地决定独立。1774—1783年美国进行了独立战争，1776年7月《独立宣言》颁布，1789年联邦政府成立。1861—1865美国南北战争，以北方胜利告终，奴隶制废除。一战后，美国迅速崛起，二战后美国成为唯一的超级大国，斡旋于欧亚之间，其经济、军事实力无人可敌，综合国力雄踞世界第一，成为国际社会的领导者。美国人大多信仰基督教和天主教，也有犹太教、东正教、佛教、伊斯兰教、道教的信仰者。学者们对美国文化特点是众说纷纭，"美国文化的基本特征可以用这样九个方面共十八个相对应的文化侧面来说明：宗教文化与世俗文化的结合；本土文化与外来文化的融合；主流文化与边缘文化的磨合；传统文化与现代文化的汇合；阶级文化与种族文化的

---

① 鲁虎：《新加坡》，社会科学文献出版社2004年版，第248页。

组合；精英文化与大众文化的弥合；外交文化与内政文化的配合；个人主义文化与民族主义文化的联合；熔炉文化与多元文化的整合。"①

瑞士位于欧洲西部偏南，是欧洲"十字路口"的"转车台"，面积4万多平方公里。据2010年底统计数据显示，瑞士人口约795万，主要是日耳曼人，居留人口中意大利人最多，占总居留人口的17.3%，其次为德意志人13.2%、塞尔维亚及黑山移民11.5%，以及葡萄牙人11.3%。瑞士的外国居留人口约占总人口的22%，其中六成来自欧盟及欧洲自由贸易联盟国家。1291年"老三州"乌里、施维茨和温特瓦尔登签署《永久同盟誓约》，被视为旧瑞士联邦建立的标志。到14世纪，"老三州"不断扩大，吸收了五个新成员，15世纪"八州联盟"扩展到13州。1519—1798年期间，瑞士发生了多次宗教战争与农民起义。1798—1848年瑞士旧有制度被推翻，结束封建割据，建立资产阶级联邦制，并制定了自己的宪法。1874年瑞士确立直接民主制度。瑞士在一战和二战中坚持中立原则，幸免于难。二战后，瑞士贯彻"中立"政策，使得其远离他国纷争，安享太平，因而瑞士经济迅速腾飞，如今它是世界上最富裕的国家之一，是国民最幸福的国家之一，是欧洲大陆上不可或缺的一股蓬勃之力。瑞士的主要宗教是罗马天主教、基督新教、伊斯兰教，瑞士人对宗教活动的热爱其实不如其对自然、运动的热爱。"瑞士是个多民族、多元文化、多种语言的国家"②，瑞士主要有德语区、法语区、意大利语区这三大语言区，三大语言区的人们维持着各自不同的生活习惯、传统风俗。因此，瑞士的文化与德国、法国、意大利的传统文化有着高度相关性。

---

① 董小川：《美国文化特点综述》，载《东北师大学报（哲学社会科学版）》，2002年第4期。
② 姚宝：《当代瑞士社会与文化》，上海外语教育出版社2007年版，第11页。

根据上文分析可知，新加坡、美国、瑞士这三个国家在自然地理、人口结构、历史进程、族群结构、文化观念、国际环境等方面都存在较大差异，即这些因素并非其具有高度国家认同的共有因素。

（二）三个国家的认同程度

如何衡量一个国家的国家认同程度？本文认为一个国家的移民情况、国民幸福指数、国民是否为自己的国家感到骄傲、国民最喜爱的国家等调查都可以在一定程度上反映一个国家的国家认同程度。

新加坡的数据显示如下：盖洛普在2007—2009年两年间访问了135个国家的259542位15岁以上的成人，用potential net migration index（pnmi，潜在净移民指数）测算各国的移民状况，数值越高说明该国家移入人口越多，移出人口越少。新加坡的pmni指数以＋260排名首位[①]，可以见得新加坡国民少有移居外国，而世界各地的民众纷纷想移民新加坡。1990年新加坡国立研究院做的一份调查显示：84%的受调查者认为作为新加坡人感到非常自豪，有超过70%的人对新加坡非常有信心。1996年9月，新加坡电视机构和美国盖洛普公司联合对525名各阶层新加坡人进行民意调查的结果显示：70%的人认为新加坡未来5年在衣食住行方面会变得更好，70%的人认为现在的生活比过去好。[②]

美国的情况是：2006年6月，美国芝加哥大学全国民意研究所公布了关于民族自豪感的全球调查结果，在34个被调查国家和地区中，美国人排名第一。在被问及是否更愿意当本国国民而不是世界上任何其他国家的国民时，75%的美国人表示强烈认同，是比例最

[①] 参见刘幕孜：《盖洛普公布世界各国的移民指数排行》，载《温州商报》，2009年11月22日。

[②] 转引自鲁虎编：《新加坡》，社会科学文献出版社2004年版，第109页。

高的。① 在佩尤公众与媒体研究中心（Pew Research Center）发起的美国人爱国情况调查时，对于是否同意"我非常爱国"这一表述，有54%的人表示"完全同意"，另外34%表示"比较同意"，总计有88%的人同意上述观点。而1987年佩尤首次做该问卷调查时，有89%的人表示同意。②

瑞士的国家认同程度可以明显从其在世界幸福指数排名中的地位见晓，无论是1981年至2007年密歇根大学社会研究所世界价值观调查项目对世界幸福指数的调查，还是在2005年至2011年美国哥伦比亚大学地球研究所同联合国共同发布《全球幸福指数报告》中，还是在2005至2009年间"盖洛普世界民意调查"对世界幸福指数的调查中，瑞士都是排名前五或者至少前十。

以上调查所得的数据表明新加坡、美国、瑞士三国的国家认同程度是较高的。总而言之，新加坡、美国与瑞士虽然存在着诸多差异，却有着高度的国家认同。而这三个国家在基本国情上的差别（自然地理、人口结构、族群结构、历史进程、国际环境、文化观念）也说明了这些因素并非导致其具有高度国家认同的共有因素。那么，三个国家具有高度国家认同的共有因素是什么？

五、三个国家的国家认同建设

（一）新加坡

正如新加坡前副总理吴庆瑞所说："新加坡是一个复杂的、多元种族社会，人们没有什么共同历史的观念，其集体目的也有待于正

---

① 转引自王桂菊：《当代美国思想政治教育途径与方法的启示》，载《理论观察》，2008年第5期。

② http://www.forbeschina.com/review/201007/0002217.shtml（2012年12月9日访问）。

确的表达。"① 新加坡人民的共同历史短暂，族群多样化，极易形成族群矛盾而引发国家分裂问题。因而培养民众对国家的认同是极其重要的，同时也是充满挑战的。新加坡如何克服多元文化困境，使民众超越狭隘的族群认同，将不同族群的人们"归属于"新加坡人范畴，形成对新加坡的共同情感呢？

新加坡刻意培养人们形成一种紧迫感与威胁感，从而有意塑造人们的共同奋斗目标。"现在我们必须先使这个国家生存，这样，你们的生活才不至于走下坡路，才能经常得到改善。"这种观点将个人的幸福生活与国家利益紧绑在一起，即在竞争激烈的国际社会中，新加坡人民只有团结一致去为建设一个更强大的国家而拼搏才能使民众拥有美好的生活，这就是政府创造的共同目标。新加坡人也由此养成了因害怕失败而事事追求完美的性格。其次，强调新加坡人这一共同身份而非华人、马来人、印度人或者其他身份。"大家要有成为一个民族的意识。这种民族意识的坚强核心就是国家利益的反映，你们必须有这样的核心。我们的基础是很脆弱的，要用好几年时间巩固这种意识和能够表达这种意识的结构。"② 一个新加坡人的标准不是出生地不是语言也不是其他什么，而是是否有一颗为了新加坡的繁荣而努力的心，是否看重新加坡的国家利益。最后，新加坡以儒家文化为主塑造共同文化。"承扬华人文化传统和儒家价值观，进而在全社会建立共同的价值观是新加坡治国治世的成功之道。"③ 1982年李光耀将"忠孝仁爱礼义廉耻"八个字定为新加坡人

---

① ［英］A. 乔西：《李光耀》，安徽大学外语系、上海人民出版社编译室译，上海人民出版社1976年版，第540页。

② ［新加坡］李光耀：《李光耀政论集：新加坡之路》，国际出版公司1967年版，第198页。

③ ［英］A. 乔西：《李光耀》，安徽大学外语系、上海人民出版社编译室译，上海人民出版社1976年版，第314页。

的具体行动准则与政府必须坚持贯彻执行的"治国之纲",并开设了《儒家伦理》这门课程为学生们讲解儒学要义,使现代化的儒家伦理民众化。1990年2月,新加坡政府发表了《共同价值观白皮书》,内容为:国家至上,社会为先;家庭为根,社会为本;关怀扶持,同舟共济;求同存异,协商共识;种族和谐,宗教宽容。新加坡希望在这种以家庭为根的共同价值下,家庭伦理可以带动社会伦理。"李光耀指出解决社会问题要从最基本的价值标准开始,把一个人置于家庭、朋友和社会的背景中加以教育。"[1] 人们好像会怀疑"儒家文化、以家庭为根"的这样一种价值观是否是对华人的偏袒,但事实上,华人、马来人、印度人也有同通之处,就"忠孝仁爱礼义廉耻"来说,虽然是儒家文化,但这些价值在其他族群中也是世代流传,只不过没有以这样一种形式组织表达。族群观念是典型的亚洲人的思维,华人、马来人、印度人都是一样的,而家庭就是族群的核心。从家至国,其实是将个人与社会乃至国家紧密相连。由上文分析可得,共同目标、共同身份和共同文化建设,是新加坡提升其国家认同的重要举措。

(二) 美 国

我们一直说美国是一个例外。美国之所以是个例外,在于它不同于许多将国家认同建立在共同历史、共同祖先、共同文化等共同之处基础上的国家。由此看来,美国似乎存在着先天劣势,那么美国的国家认同建设又如何进行呢?美国的独特在于它的国民虽然没有那么多的共同点,但是打从"美国人"要从英国独立之日起,美国人就是有着共同理想的共同体。"这在世界史上真是一件奇事,美

---

[1] 吕元礼:《新加坡"家庭为根"的共同价值观分析》,载《东南亚纵横》,2002年第6期。

国人并非因为他们的种族、语言或宗教与英国兄弟们有什么不同而要坚持独立。合众国诞生于一个特定的历史时刻——1776年7月4日，它是基于明确的政治原则上的自觉的政治行动。"① 用一句话概括美国人也许是"他们是为了理想而生的民族"。美国人坚信着《独立宣言》所表达的理想，亨廷顿用更直白地语言解读美国人："谁坚信这些真理？美国人坚信这些真理。谁是美国人？坚信这些真理的人"②。那么美国人的理想是什么？"这套理想就是建国文献中体现的一整套普世的思想和原则：自由、平等、民主、立宪主义、个人主义、有限政府和私人企业制度。西蒙·利普塞特称之为'美国主义'，冈纳·米达尔称为'美国信念'"③，是这样一种政治理念让美国人成为了"美国人"，这样一种政治理念也是构成美国国家认同最重要的基础。美国如何能抓住与生俱来的"金钥匙"即美国理想——这是美国构建高度的国家认同的关键所在。

美国选择用宪政制度建筑起美国理想的制度堡垒。美国1787年宪法已奠定了美国完整的宪政体系，随后的宪法修正案也无不致力于维护"美国信念"。三权分立与联邦制乃是对权力的戒备，"立法、行政和司法权置于同一手中，不论是一个人、少数人或许多人，不论是世袭的、自己任命的或选举的，均可公正地断定是虐政。"④ "联邦制如同分权原则一样，把政治权力分散，防止权力集中在任何

---

① [美] 塞缪尔·亨廷顿：《失衡的承诺》，周端译，东方出版社2005年版，第27页。
② [美] 塞缪尔·亨廷顿：《失衡的承诺》，周端译，东方出版社2005年版，第27页。
③ 转引自王立新：《美国国家认同的形成及其对美国外交的影响》，载《历史研究》，2003年第4期。
④ [美] 汉密尔顿、麦迪逊：《联邦党人文集》，商务印书馆1982年版，第112—113页。

一个群体手里。"① 因而宪法规定美国的立法、行政、司法权力相互独立并相互制约；宪法规定了联邦政府的权力范围，联邦制下的州政府拥有各自的独立权力，预防中央集权与暴政。宪法赋予公民平等而广阔的参与政治的权利，宪法第二十六条修正案第一款规定年满18岁或18岁以上的合众国公民的选举权，不得因为年龄而被合众国或任何一州加以剥夺或限制。政府管理人员的产生"取决于社会上的大多数人，而非取决于某一小部分人或者社会上的某个特权阶层"②。这使国家权力以直接或间接的形式掌握在人民手中。宪法亦将保护公民自由的权利作为重中之重，宪法的第四条修正案也对家提出了保护，它的某些部分写道："人们自身的权利、人们对房屋、文件和财产的权利应受到保护，不允许无理地进行搜查和没收，这些权利是不可侵犯的。"为解决种族问题，体现平等，美国通过宪法修正案与《民权法》维护少数族群利益。宪法第十五条修正案第一款规定，"合众国公民的投票权，不得因种族、肤色或曾被强迫服劳役而被合众国或任何一州加以剥夺或限制。"1957年以来，美国国会不断通过《民权法》和"反歧视积极行动"政策来保障黑人及少数族群的选举权、就业权、教育权。宪政不能只有漂亮的宪法，美国的宪法并非只是纸上谈兵。美国的现实政治体制无不展现出其对宪法的尊崇，对美国理念的尊崇。例如美国民主制度一直被奉为"圭臬"，是世界各国模仿的"典范"，有民意调查显示85%的美国人为他们的政治体制感到骄傲。"风可进、雨可进，国王不能进"，也是美国人民拥有高度自由权利的真实写照。总结而言，美国通过将"美国理念"注入成为宪法实现美国信念的稳定传承，通过将

---

① [美]加里·沃塞曼：《美国的政治基础》，陆震纶译，中国社会科学出版社1994年版，第15页。

② [美]亚历山大·汉密尔顿、约翰·杰伊、詹姆斯·麦迪逊：《联邦党人文集》，张晓庆译，中国社会科学院出版社2009年版，第184页。

"美国信念"施诸于宪政体制使得该理念与美国人民日常生活休戚相关,也以较好的实践效果证实美国理念的优越性。可见,对美国理念的维护是美国构建国家认同的关键要素。

(三) 瑞 士

瑞士亦是个极具多样性与复杂性的国家,因为瑞士几乎没有纯粹的瑞士人,瑞士不是由单一民族构成的民族国家,而是"不愿意成为德国人的德国人,不愿意成为法国人的法国人,不愿意成为意大利人的意大利人,以及少数操列托—罗马方言的列托—罗马人后裔组成的多民族群体"①。四大族群说四种语言,其语言划分基本与民族区域划分相同,德语区主要分布在瑞士中部和东北部;法语区分布在瑞士西部和西南部;德语区在东南部;列托—罗马语区在瑞士东部。三大语言区的人们在生活习惯、宗教风俗、性格特点等方面皆存在着差异,对于提高国家认同,瑞士有着自己的方式。

瑞士实行高度的地方自治。瑞士实行联邦制,州是独立的政治实体,享有很大的自主权,瑞士州享有的权限之大,在欧洲国家中实属少数。由于瑞士地方自治的发达,不使用政策手段加强不同族群之间的同质性,瑞士不同语言区域的人至今仍保持着自己特有的个性与文化。"瑞士德语区的人比较仔细、严谨,法语区的人比较随意活泼,意大利语区的人比较热情奔放。"② 地方自治体制使得不同民族区域的民众高度享有自己处理自己事务的权利,而不太受到联邦政府的统一管束。例如"各州自主决定自己的官方语言。为了保证在不同语言社群之间的和睦相处,各州应当尊重传统的语言地理

---

① 姚宝:《当代瑞士社会与文化》,上海外语教育出版社2007年版,第11页。
② 姚宝:《当代瑞士社会与文化》,上海外语教育出版社2007年版,第132页。

分布，并考虑少数人土生土长的语言特点。"①在高度的地方自治之下，瑞士人享受着高度的自由，珍惜自由的瑞士人自然也热爱给予其自由的这一国度。

若是仅给予人民各自生活的自由，瑞士又怎能团结一致呢？因而瑞士亦通过社会自治制度使瑞士人保持着对公共事务的热情。"社会自治的含义可以从两个层面去理解，一是个人意义上的自治；二是社群意义上的自治。"② 瑞士公民享有广阔的政治权利，其中最典型的当属其直接民主制度，这是个人意义上社会自治的体现。"瑞士人民对自己国家的政治民主体制的传统非常自豪，这种维护人民高度独立自主自由的体制，直接民主、公投创制制度的设计，使得政治不至远离人民，这也让瑞士人自然而然地产生国家认同的凝聚力。"③ 直接选举在现代社会似乎是个神话，但它却真实地握在瑞士人民的手中，瑞士人民直接民主的三大武器是全民公决、公民创宪权与露天公民大会。全民公决分两种情况，第一种是：凡联邦会议通过的涉及宪法或人民的基本权利的议案以及联邦违宪的紧急决定，必须交付公民投票，获得通过才能成立；第二种：公民有权要求对一般性的立法、法令以及为期15年以上的国际条约进行公民投票。公民创宪是指公民发起修改宪法的倡议书并在18个月内征到10万选民签名，那么联邦办公厅必须在6个月内将倡议书提交给全民公决。而露天会议是直接民主最鲜明的表现。现在瑞士的阿彭策尔—内罗登州、格拉鲁斯州和上瓦尔登州保留着这种形式，露天会议一般在每年4月的最后一个星期天举行，地点是在开阔的广场，开会

---

① Eva Maria Belse、何才林：《瑞士的地方政治自治与共同价值之保护》，载《国际学术研讨会论文集》，2009年。
② 周安平：《社会自治与国家公权》，载《法学》，2002年第10期。
③ 张维邦：《瑞士语言政策与实践》，见施正锋编：《各国语言政策——多元文化与族群平等》，台北：前卫出版社2002年版，第377—440页。

时，公民对州、村政府的行政工作进行评论，也包括对财政政策、市政建设的讨论等。瑞士广泛的社会组织发挥了社群意义上的自治作用。瑞士有着上千个不同的社会组织，一个瑞士人从少年到暮年参加的协会或组织可以达到几十个。瑞士人通过参加这些社会组织维护自己的权益，增加彼此的交流，影响政府的决策，例如瑞士工商业联合会对限制国家经济干预，促进和保护自由职业者与中小企业的发展有着重要作用；瑞士的工会组织对促进经济平稳发展和社会稳定也是功不可没。无论是直接民主式的政治参与还是参与社会组织，都是瑞士人影响或管理共同事务的重要渠道。瑞士人在地方自治与社会自治体制下，养成了这样的信念：我们可以享受着与彼此截然不同的生活，却也应该怀揣着一同处理公共事务的热情。瑞士使国民们以平和的态度看待多元的国家现状，每个族群的人们安然过着自己的生活，互不干涉；而另一方面，瑞士使国民们对国家的共同事务的管理充满热情与责任感。自由的私人生活与积极的公共生活成了瑞士所追求的完美生活方式，拥有完美生活的瑞士人对瑞士的热爱自然不会少。总结而言，瑞士的国家认同建构应归功于通过制度培养出来的共同信念。

六、结 语

通过上文分析，我们可以总结得出：成功的共同价值建设是新加坡、美国、瑞士这三个存在较大差异的国家皆取得高度国家认同的关键所在。所谓共同价值即特定的社会共同体普遍持有的价值观，主要包括对"社会共同体的发展前景、发展方向和目的的要求和看法……对其身处的社会现实状况的要求和评价……对社会共同体与其成员的关系的要求和看法"①。而本文所指的共同价值的建设则体

---

① 刘正球：《论社会共同价值观》，载《湛江海洋大学学报》，2003年第2期。

现为国家通过一系列的政策与方法，使人们对社会的发展与目标形成共同的憧憬，对社会的现实形成共同的想法，对公民之间的关系形成共同的思考等。培养与促成共同价值的方式则是多种多样的。

在三个国家的国家认同建设中，新加坡致力于确立起个人与国家共生共荣的共同价值，美国致力于确立起以美国理念为基础的共同价值，瑞士致力于确立起公民珍惜自由的个人生活与热爱公共生活的共同价值。共同价值的确立使得公民在共同体中更具归属感，对共同体更具精神与情感依赖，是国家形成高度国家认同的必要保障。

三个国家在共同价值建构的过程也采用了不同的路径。新加坡采用的是**文化建构**的方式。培养人民紧迫感与危机感使得人民形成团结一致、追求共同进步的文化氛围；倡导新加坡人的身份意识实质是使公民养成平等交往、重视国家利益的文化氛围；最后，对儒家文化的倡导与价值白皮书的提出是对公民文化的直接教育与培养，意在使得公民从家庭伦理推及社会道德，乃至国家精神。整体而言，新加坡希望培育的是一种个人与国家共生共荣的文化观念，使得不同族群从中超越嫌隙与分歧，超越狭隘的族群认同而建立起为自己的美好生活而努力、为国家的光明未来而奋斗的共同价值。美国采用的是**制度建构**的方式。美国的诞生是伴随着"美国理念"而来的，这是美国共同价值的核心体现，美国选择用宪政将美国理念世代秉承。美国宪法对美国政体、国家结构、公民权利等因素的设置皆体现了美国理念"自由、平等、民主"之初衷，在不断修改的宪法中也体现了美国对实现美国理念这一目标所做的不懈努力。美国的政治体制严格按照宪法运行，通过对美国理念的诚挚践行，赋予美国理念现实性，使得美国人民对美国理念产生深刻的信任。总而言之，美国通过宪政体制的建构巩固其核心价值，使其先辈创立的美国理念世代相传，从而使美国人民坚信美国理念这一共同价值。瑞士的共同价值建设亦依托于**制度建构**，与美国不同之处在于瑞士通过自治制度引导不同族群的人民在享有个人自由生活的同时积极参与公共生活。对自由生活的珍惜、公共生活的热爱逐渐成为瑞士的共同价值。地方自治制度使其可保有各自的语言文化、生活生产差异，实现高度的个人自由。高度的社会自治赋予了个人广泛的权利参与政治生活，丰富的社会组织也是公民积极参与集体生活的表现，公民通过行使个人权利或参与社会组织，对公共事务产生深刻的影响力。总结而言，瑞士通过自治制度构建引导公民确立起了共同价值。新加坡、美国、瑞士以不同方式建构起了各自的共同价值，公民因具有共同价值而对其生活的共同体更具归属感、更具热爱与忠诚，从而成就高度的国家认同。

三个国家的共同价值建设按照各自实际国情各行其道，对确立高度的国家认同有着关键性作用。总结如下表：

国家	各国共同价值建设之路径		共同价值建设之关键词	共同价值内涵
新加坡	文化建构		共同奋斗目标；共同身份；共同文化	个人与国家共生共荣
美国	制度建构	宪政制度	宪法堡垒；理念的落实	美国理念
瑞士		自治制度	地方自治；社会自治	个人生活自由；热情参与共同生活之信念

如上文所述，新加坡、美国、瑞士三国在共同价值的建设上各有特色、成绩斐然。由此证明，共同价值建设是新加坡、美国、瑞士三个差异较大的国家皆能实现高度国家认同的关键所在。共同价值建设上取得的成果对于提高国民之国家认同有大作为，也转而促进了国家经济、政治、社会的稳定发展。费孝通先生这样形容中华民族："它的主流是许许多多的分散孤立存在的民族单位，经过接

触、混杂、连接和融合，同时也有分裂和消亡，形成一个你来我去、我来你去、我中有你、你中有我，而又各具个性的多元统一体。"①中国这个多元统一体的国家认同构建也必须注重对共同价值的建设，我国应根据自身国家认同建设的实际和需要，学习新加坡、美国、瑞士这些具有高度国家认同的经验。学习新加坡对共同文化的构建；学习美国由宪政体制建设为共同价值护航；学习瑞士以自治制度培养公民对共同生活的热爱。我国应立足自身国情，深度挖掘各民族文化共性，在此基础上提取共同价值观念，进行深入教育；应更具体而科学地规划国家发展方向与国民奋斗目标，增强民众的凝聚力；应通过加强历史文化教育增强中华民族共同的历史记忆、社会记忆；应以制度建设引导公民达成关于共同体成员之间的生活、相处方式的共识。中国的共同价值建设也有着中国的特点与优势，然而"中国至今没有统摄性的关于国家认同建设的国家战略"②，因此，我国应在立足自身实际的基础上，借鉴他国成功经验，加强对国家认同的构建，摸索出一条适合中国的道路。

---

① 费孝通：《中华民族多元一体格局》，中央民族学院出版社1989年版，第1页。
② 周平：《论中国的国家认同建设》，载《学术探索》，2009年第6期。

地方政府回应集体性抗争行动的影响因素

——一项基于三个案例的比较研究

潘晨喻[*]

【摘 要】 本文比较了三个环保领域的集体性抗争行动过程和结果，即福建屏南事件、浙江东阳事件和厦门PX事件，并力图分析是什么因素影响着地方政府对集体性抗争行动应对的方式和策略。在福建屏南事件中，地方政府选择了维护企业的策略，最终污染企业被保留；在浙江东阳事件中，地方政府选择了封锁消息和压下抗争的方式，最终导致大规模冲突的发生；而在厦门PX事件中，地方政府则选择了及时回应和听取意见的方式，最终缓和了冲突，赢得了美名。这三个案例中的地方政府的回应方式和策略各不相同，本文从集体性抗争行动的诉求不同、所使用策略的不同和媒体参与程度的不同等角度来分析造成地方政府回应集体性抗争行动方式差异的影响因素。

【关键词】 地方政府　集体行动　利益诉求　策略应用　媒体参与

一、引言

自改革开放以来，我国的经济开始高速发展，取得了一系列举世瞩目的成就。但是在这些成就的背后，我们也付出了沉重代价，

---

[*] 潘晨喻，华东政法大学政治学理论硕士研究生。

生态环境的恶化就是其中的一种。随着人们生活水平的提高和维权意识的增强，环境问题越来越受到人们的关注，而人们对于地方政府片面追求经济的发展而不惜牺牲生态环境的做法产生了强烈的不满，而且这一矛盾日益尖锐。从环境保护部门受理的"环境信访"的数量增长上就可以看出这一趋势，从1995年到2006年这11年间，群众来信的数量从58678封上升到616122封，增长了10倍之多。[①]不仅信访的数量增多了，而关于环境保护的集体性抗争行动也在不断地增长。因此环境集体性抗争行动已经成为一个十分值得重视的社会现象。

关于环保的集体性抗争行动频频发生，但是各个地方政府采取的应对方式和策略却不尽相同，这也导致集体行动的最终结果各不相同。这不禁让人深思，为何地方政府对集体行动的应对方式的选择会不同？本文发现在现有的关于环保集体性抗争行动的文献中很少有关于这方面的分析研究，大部分的研究都集中在环保集体性抗争行动发生的原因，以及影响其发展的因素，或者地方政府该如何建立完善的应对机制等方面。因此本文试图通过三个典型案例的比较来探讨——是什么因素影响着地方政府应对策略的选择。

二、文献回顾

（一）国外学者关于政府回应的研究

国外关于政府回应的研究起始于20世纪70年代，起先只是在民主管理和新公共管理运动中被提及，之后渐渐独立成为一个研究

---

① 中华人民共和国环境保护部：《全国环境统计公报（1995年）》，《全国环境统计公报（2006年）》，http://zls.mep.gov.cn/hjtj/qghjtjgb/199606/t19960605_83101.htm；http://zls.mep.gov.cn/hjtj/qghjtjgb/200709/t20070924_109497.htm(访问时间2013年8月15日)。

分支。关于政府回应的研究成果也越来越丰富。

关于政府回应的理论研究。乔治·弗雷德里克森在他的《新公共行政》一书中指出，社会公平就是强调公共行政要回应公民的需要而不是公共组织本身的需要。① 登哈特夫妇在《新公共服务：服务，而不是掌舵》一书中指出，政府回应应该以追求公共利益为目标，并且保持与公民的交流以确保政府回应能满足公众需求。② 美国学者格罗佛·斯塔林认为，公共管理的责任理念之一就是政府回应性，政府应该积极地回应民众的要求，为民众解决问题。③

关于政府回应的实践研究。弗朗克斯（Francis E. Rourke）对于美国政府的官僚系统的回应做了详细分析，指出公众对于美国政府决策有着重要作用。④ 纽约大学的斯莱（Sebastian M. Saiegh）详细论述了政府回应在政府失败中的具体表现。⑤

（二）国内学者关于政府回应的研究

国内学者关于政府回应的研究虽然起步比西方国家更晚，但是也出现了许多优秀的关于政府回应研究的文献。

第一，关于政府回应的理论研究。何祖坤的《关注政府回应》可以说是第一篇独立研究政府回应的论文。在文中何祖坤指出，"政

---

① ［美］H.乔治·弗雷德里克森：《新公共行政》，丁煌、方兴译，人民大学出版社2011年版。

② ［美］珍妮特·V.登哈特、罗伯特·B.登哈特：《新公共服务：服务，而不是掌舵》，丁煌译，中国人民大学出版社2004年版。

③ ［美］格罗佛·斯塔林：《公共部门管理》，陈宪等译，上海译文出版社2003年版。

④ Francis E. Rourke, "Responsiveness and Neutral Competence in American Bureaucracy", *Public Administration Review*, 1992.

⑤ Sebastian M. Saiegh, "Government Defeat: Coalitions, Responsiveness and Legislative Performance", *Overview of the Dissertation*, New York University, September 25, 2002.

府回应就是政府在公共管理中，对公众需求和所提出的问题做出积极敏感的反应和回复的过程。"而且他还在文中详细分析了政府回应的实践意义、政府回应的有效载体和政府回应的制度建设等问题。① 黄小勇认为政府的"回应性"是一种追求实质正义的政府改革，这一改革目的是要克服传统行政的困境，即为了维护形式正义而牺牲了实质正义问题。② 陈水秘总结了从传统的官僚体制到新公共管理运动的转变中政府回应的理论发展，并且分析了我国基层政府关于政府回应的制度建设的现状和改进的方向。他认为："政府回应是政府与公众的一种双向互动过程，是公共管理的民主化的具体表现。"③ 王巍从行政管制型、市场服务型、民主治理型这三个模式中总结出能够实现"政府回应"意义的"理想模型"，并且尝试指出我国政府回应体制建设中的实践重点。④ 娄成武、顾爱华认为，从哲学层面解读，政府回应的内涵包括主体性、公共性、约束性和相融性。而且政府回应的哲学特性使得政府具有了扮演表演性角色、反映公民诉求、对公民负责和为公民服务的价值目标。⑤

第二，关于政府回应的实践研究。许多学者都分析了我国目前在政府回应的实践方面出现的问题，也提出了许多改革的对策。张峰强调了加强政府回应对于我国的意义，并且提出了增进政府回应建设的建议。⑥ 袁国玲分析了我国政府回应制度建设中出现的问题，如回应效率问题、回应议程问题、回应公正问题等，也提出了相应

---

① 何祖坤：《关注政府回应》，载《中国行政管理》，2000年第7期。
② 黄小勇：《行政的正义——兼对"回应性"概念的阐释》，载《中国行政管理》，2000年第12期。
③ 陈水秘：《政府回应的理论分析及启迪》，载《地方政府管理》，2000年第11期。
④ 王巍：《论"政府回应"的内涵和主导模式转型》，载《探索》，2005年第1期。
⑤ 娄成武、顾爱华：《行政回应的哲学解读》，载《中国行政管理》，2006年第9期。
⑥ 张峰：《试论增进我国政治回应制度建设》，载《求实》，2005年第9期。

的解决对策：设计回应流程、公众评价回应绩效和注重政府回应的法规建设。① 徐志晨也指出了几点我国政府回应的弊端，即政府回应缺乏动力、政府回应效率低下、政府回应载体局限、政府回应向度单一。同时他也提出了改进的思路，重塑行政伦理、改造组织结构、完善电子化政府回应平台和推进公民的政治参与。②

总之，国内外的学者都集中于对政府回应的理论、内涵以及机制进行研究，而鲜少有关于影响地方政府回应集体性抗争行动的方式和策略选择这方面的研究。这一方面为本文奠定了理论基础，另一方面也为本文留下了空间。

三、研究方法

本文采用的是多案例的案例比较法，选择了三个环保领域的集体性抗争行动来进行比较分析。第一个案例是福建屏南事件，当地居民刚开始选择了上访的方式，但是一直没有得到回音，之后他们向媒体求助，最终得到了中国政法大学污染受害者法律帮助中心的帮助走上了诉讼的道路。虽然最终胜诉，但是赔偿金额低且没有落实，而污染企业也没有搬迁。第二个案例是浙江东阳事件，当地居民在其他措施失效后，采用对抗性的策略——搭建竹棚，堵塞路口，但是并没有取得预期的效果，反而导致了与当地政府的激烈的暴力性冲突，事后有8名当地居民被判刑，东阳市的主要负责人受到处分。最终污染严重的工厂都搬迁了，但是当地居民与地方政府都损失巨大。第三个案例是厦门 PX 事件，赵玉芬等 105 位政协委员关于厦门 PX 项目迁址的议案引起了全国人民的关注，之后厦门市民通过

---

① 袁国玲：《当前政府回应问题探析》，载《中共银川市委党校学报》，2007年4月第9卷第2期。

② 徐志晨：《论政府回应的理论依据、现状以及改进思路》，载《理论界》，2008年第7期。

"散步"使得厦门市政府暂停项目,并进行了二次环评、公众投票,最终使得厦门市政府同意迁址。

本文之所以选择这三个案例进行比较是因为它们之间有很多相同的地方,也有一些不同之处。相同之处在于:这三个案例都是发生于环保领域的,这一个共同的领域背景使得这三个案例在大的政策和政治环境上都相同。而这三个案例又有其不同之处,有利于展开相应的比较分析。第一,这三个案例最终获得的结果不同,而从这三个事件的不同结果之中可以看出地方政府对于集体行动的回应方式和策略的不同。福建屏南事件中,虽然在法律上赢得了诉讼,但是污染企业却没有搬迁,不仅如此,法院判决的赔偿款也没有落到村民的手中,不能说是成功的。浙江东阳事件中,大规模的暴力冲突使得村民和政府两败俱伤,但是污染企业最终全部搬离,可以算是惨烈的成功。厦门 PX 事件中,"散步"和平地进行了,PX 项目迁址了,可以算是成功了。第二,这三个案例在本文所关注的关键因素上有着一定程度上的不同,如在抗争内容、抗争策略的选择以及媒体参与情况等方面都有着明显的差异,因此有利于进行比较研究和分析。

本文的研究方法主要是文献研究。所使用的资料都是来自于媒体报道和学者发表的论文。

四、三个案例

(一)案例一:福建屏南事件

福建省屏南县是一个只有 18 万人口的典型的山区农业县。由于该县处于福建省的东北部,位置偏远,在经济上比较落后,基本没有什么工业,可以说是一个无污染县。这样的情况被一次偶然的机遇打破了。1992 年,福建省省会福州市闹电荒,福州市第一化工厂计划将高耗能的氯酸钾产品的生产转移到能源丰富、电价较低的山区。而屏南县恰好就是这么一个拥有廉价水电资源的地方，而且其招商引资的政策也极具吸引力。因此福州市第一化工厂决定与屏南县电力公司在屏南县合作建设榕屏联营化工厂，专门生产氯酸盐产品。① 自化工厂建成投产以来，很快就成为了屏南县的主要财政支柱，屏南县 1/3 的财政收入都来自于此。

但是伴随着经济的发展而来的是环境的恶化。化工厂附近的几个村子的村民发现自己家种的毛竹开始不断的枯死，河里的鱼虾也绝迹了，庄稼的收成也在下降。更严重的是村子里生病的人越来越多，症状也很相似——头晕、恶心、呕吐、胸闷、皮肤瘙痒等。村子里得癌症的人也在不断增加。② 意识到污染问题严重的村民在村里的赤脚医生张长建的带领下走上了为生存而抗争的道路。村民们用各种方式向上级部门反映情况，但是得到的只是无尽的沉默。2001年 12 月 6 日，张长建收到了国家环保总局宣教中心发来的邮件，让他们提供正式的投诉材料。③ 这给了村民们极大的鼓舞。而后 2002年 1 月 12 日张长建又收到了来自朱镕基总理的电子邮件，建议他们向媒体求助。④ 之后，张长建把自己收集到的关于化工厂污染的资料发给了各大媒体，这一次终于得到了回应。继《方圆》杂志第一次曝光了榕屏化工厂的污染事件之后，全国各大媒体都开始关注这一污染事件。而后张长建等人向中国政法大学污染受害者法律帮助中心（简称"帮助中心"）申请法律援助，很快就得到了同意支持的

---

① 黄家亮：《通过集团诉讼的环境维权：多重困境与行动逻辑——基于华南 P 县一起环境诉讼案件的分析》，见《中国乡村研究》第 6 期，福建教育出版社 2008 年版。
② 谢岳：《从环保运动看政策变迁：比较案例分析》，载《学习与探索》，2011 年第 5 期。
③ 黄家亮：《通过集团诉讼的环境维权：多重困境与行动逻辑——基于华南 P 县一起环境诉讼案件的分析》，见《中国乡村研究》第 6 期，福建教育出版社 2008 年版。
④ 谢岳：《从环保运动看政策变迁：比较案例分析》，载《学习与探索》，2011 年第 5 期。

回复。2002年11月7日,代表着1721名村民的包括张长建在内的5位诉讼代表在"帮助中心"的帮助下向宁德市中级人民法院提起诉讼,要求榕屏化工厂停止污染侵害和赔偿原告损失共计13534640元人民币,包括农作物等的损失赔偿10331440元人民币和精神损害赔偿3203200元人民币。宁德市中级人民法院受理了该诉讼后却一直等到2005年1月24日才正式开庭审理此案。初审判决结果不尽如人意,榕屏化工有限公司立即停止侵害,并赔偿原告林木、果树、毛竹和农田等损失人民币249763元。① 张长建等人立即准备向福建省高级人民法院提起上诉。二审的结果与一审相差不大,只是赔偿款变为了684178.2元人民币。在这诉讼过程中各大媒体包括国外的许多媒体都纷纷进行了报道。

然而胜诉之后,法院判决中的赔偿款却一直没有分发到村民的手中,而榕屏化工厂也依旧在生产铝酸盐产品。虽然诉讼是胜利了,但是污染却还在继续。

(二)案例二:浙江东阳事件

浙江省东阳市画水镇是一个依山傍水、风景如画的地方,一直以来都有"歌山画水"的美誉,然而自从2001年以来这里却山不再青,水不再美,良田变废地。"还我土地,我要生存;还我土地,我要健康;还我土地,我要子孙;还我土地,我要吃饭;还我土地,我要环境。"② 这是画水镇的居民集体为生存而发出的悲鸣。

2001年,原画溪镇镇政府以租赁土地的形式建设了占地近千亩的竹溪工业园区,并引进了13家化工、印染和塑料企业。③ 这些企

---

① 黄家亮:《通过集团诉讼的环境维权:多重困境与行动逻辑——基于华南P县一起环境诉讼案件的分析》,见《中国乡村研究》第6期,福建教育出版社2008年版。
② 宋元:《浙江东阳环保纠纷冲突真相》,载《凤凰周刊》,2005年第13期。
③ 胡美灵、肖建华:《农村环境群体性事件与治理——对农民抗议环境污染群体性事件的解读》,载《求索》,2008年第12期。

业都是污染比较大的企业。根据当地村民反映，这些工厂排出大量的废气、废水，不仅十分难闻而且有刺激性，严重时让人们都睁不开眼睛。不仅如此，由于污染太严重，无论是庄稼、蔬菜还是树木都难以生长，有许多人家一年辛劳却颗粒无收。而且村中的畸形儿出生数量明显增多。

在生存受到威胁时，当地村民开始为了捍卫自己最基本的生存权而抗争。原画溪镇五村的党支部书记王伟将东农化工公司这个污染最严重的企业的情况印成书面材料在村民之中传播，共有600多名村民在材料上签名。2001年10月，当地警方开始调查此书面材料的来源，在调查过程中，警察与当地村民发生了小规模的冲突。愤怒的村民冲进了东农化工厂，赶走厂内的员工，并毁坏了许多机器设备，造成的损失达到11万元。事后，王伟等12人被捕，并在2002王伟以"聚众扰乱社会秩序罪"被判刑三年，其他村民被以同一罪名判一年到三个月不等刑期。① 村民也多次到东阳市、金华市、浙江省的环保部门去上访，然而问题仍然没有任何实质性的进展。

2005年3月20日起，村民开始在竹溪工业园区临近各村的路口搭建毛竹棚，并由村里的老人驻守，堵塞路口，阻止工厂原料和货品的出入，以此来表达自己的不满，强烈要求这些污染严重的企业搬迁。3月28日，百多名执法人员和乡镇干部放火烧掉了大棚。然而很快村民又再次搭建起了毛竹棚。②

2005年4月9日晚，当地镇政府派出10多名执法人员来到毛竹棚劝说驻守的老人离开，但是老人们没有听从。之后，地方政府采取了清理行动。凌晨4点多，运送执法人员的警车和公交公司的大巴共计100多辆达到画水镇。据村民说，当即执法人员就封锁了毛

---

① 谢岳：《从环保运动看政策变迁：比较案例分析》，载《学习与探索》，2011年第5期。

② 宋元：《浙江东阳环保纠纷冲突真相》，载《凤凰周刊》，2005年第13期。

竹棚所在的地方，一排警察手持盾牌组成方阵，阻止赶来的村民进入拆除现场，并设立了临时指挥部，市主要领导在现场指挥。① 虽然政府一次性组织了3000多名执法人员，但是事后来看，地方政府对于事态的估计仍旧不足。村民闻讯而来，越聚越多，到最后足有两三万人。警方担心继续对峙会发生大规模冲突，于是开始主动撤离。但是现场已经开始混乱，冲突不可避免地发生了。在冲突过程中共有数十名人员受伤，69辆车辆被砸毁。②

2005年9月上旬，13家污染严重的企业全部搬离竹溪工业园区。在2005年12月31日，《浙江日报》头版刊登了对此次群体性事件责任人的处分通报，东阳市的主要领导受到了处分，而参与冲突的村民有8名被起诉。浙江东阳事件就此落下帷幕。

（三）案例三：厦门PX事件

2007年的"两会"期间，一份由105名政协委员联合提交的提案一经媒体披露便在厦门掀起了轩然大波，引起了一场新的环境保护浪潮。

厦门PX项目本来一直都是一帆风顺的。2004年2月国务院批准建设厦门PX项目。2005年7月国家环保总局审查通过了厦门PX项目的《环境影响评价报告》。③ 2006年国家发改委审核通过了将厦门PX项目纳入"十一五"PX产业规划七个大型PX项目之中的申请报告。这个投资108亿元的项目一旦建成每年能生产80万吨对二

---

① 宋元：《浙江东阳环保纠纷冲突真相》，载《凤凰周刊》，2005年第13期。
② 蒋莉、刘维平：《农民环境诉求面临的困境与对策探讨——基于对厦门PX风波与浙江东阳画水镇环境群体性事件的比较》，载《云南行政学院学报》，2012年第1期。
③ 袁越：《厦门PX事件》，http://www.lifeweek.com.cn/2007/1015/19680.shtml（访问时间2013年8月15日）。

甲苯，预计每年能为厦门的 GDP 贡献 800 亿元人民币。①

然而这个即将水到渠成的项目在 2007 年 3 月份遭遇危机。这个危机就是开始时说的那份提案。在 2007 年 3 月份的两会期间，厦门大学化学系教授、中科院院士、政协委员赵玉芬联合了其他 104 名政协委员提交了一份"关于厦门沧海 PX 项目迁址建议"的提案，成为了全国政协的头号提案。② 这份议案经过媒体报道之后，一时之间关于厦门 PX 项目的文章和言论就占据了国内许多主流媒体的重要版面。在网络上也有许多关于厦门 PX 项目的帖子，十分热门。厦门 PX 项目成为了全国人民关注的热点话题。而厦门的市民对此的关注更甚。但是此时厦门政府一直保持沉默。5 月下旬，一条有关 PX 项目危害，反对 PX 项目的短信悄然在厦门市民中流传开来。短信内容极具煽动性，短信的最后号召市民去市政府"散步"，公开表达对于 PX 项目的不满。6 月 1 日上午 8 时，许多手缠黄丝带的市民走上街头，开始了集体"散步"。"散步"队伍一直在和平、理性的氛围中前行着。"散步"行动一直持续到 6 月 2 日下午 3 点才彻底结束。在"散步"的过程中警民双方都很克制，都没有过激行为。③

"散步"开始后，厦门政府立刻召开了紧急新闻发布会，表示暂缓 PX 项目的建设。6 月 5 日，厦门市科协印刷了近 25 万册的市民科普读本《PX 知多少》，随《厦门日报》一起散发给市民。2007 年 12 月 8 日，福建省厦门市在网上开放了"环评报告网络工作参与活动"的投票平台，鼓励市民表达自己的意见。12 月 13 日，厦门市政府召开了市民座谈会，市民踊跃参与，积极发表自己的意见与建议。最终，厦门市政府决定把 PX 项目迁址。至此，厦门 PX 事件圆满解决。

---

① 张晓娟：《厦门 PX 危机中的新媒体力量》，载《国际公关》，2007 年第 5 期。
② 张晓娟：《厦门 PX 危机中的新媒体力量》，载《国际公关》，2007 年第 5 期。
③ 舒昱：《"散步"始末：厦门 PX 和北京六里屯事件的分析》，载《世界环境》，2008 年第 6 期。

五、案例比较分析和讨论

从以上的案例介绍中我们可以看出,在事件发生之初,这三个案例中地方政府刚开始都采取了差不多的态度,那就是保持沉默。但是随着事态的不断发展,这三个地方政府各自采取了不同的应对策略。那么,是什么因素导致了地方政府应对策略的不同?本文将从抗争内容、抗争策略和媒体参与三个方面来分析原因。表1 总结了这三个集体性抗争行动在抗争内容、抗争策略和媒体参与三个方面的不同。

表1 三个案例的比较

集体性抗争行动	抗争内容	抗争策略	媒体参与
福建屏南事件	经济赔偿、污染企业停止侵害	1,3,4	国内外大型媒体
浙江东阳事件	搬迁污染企业	5,6	几乎没有
厦门PX事件	PX项目迁址	2,4,6	网络、手机等新媒体

注:策略包括:1 给政府机构和官员写信,2 提交议案,3 法律诉讼,4 媒体手段,5 信访,6 示威游行等。

通过对这三个案例的比较分析可以看出,首先,集体性抗争行动的抗争内容对于地方政府的应对方式的选择有重要影响。而这三个集体性抗争行动的诉求各不相同。福建屏南事件的诉求是经济赔偿以及污染企业停止侵害,浙江东阳事件的诉求是搬迁污染企业,而厦门PX事件的诉求是将尚未开始建设的PX项目迁址。这些不同诉求直接影响着地方政府的应对态度和处理策略。

福建屏南事件的诉求是赔偿和污染企业停止侵害,这对于当地政府来说成本很高。因为对于屏南县这么一个地处偏远、经济相对落后的小县城来说,榕屏化工有限公司就是该县的财政支柱。1993

年榕屏化工厂建成投产,经济效益显著,因此在1998年该工厂又进行了二期扩建。扩建之后,榕屏化工厂成为了宁德市唯一一家产值过亿的企业。甚至屏南县的副县长王红说:"没有榕屏化工厂的贡献,我们的公务员、教师的工资可能都难以按时发放。"① 从这里可以看出榕屏化工厂对于屏南县政府来说有多重要,这已经不只是一家企业,更加是政府的政绩。所以当地政府选择了站在企业这一边,对于村民的来信以及上访都采取了不回应的态度。而之后村民开始在县政府前面的大街上打出"还我青山绿水"的横幅并为控告化工厂而进行募捐活动,当地政府立即召开了办公会议,并派出了城管队伍去阻止村民的募捐活动。②

浙江东阳事件的诉求是搬迁污染企业,这对于当地政府来说也是一件成本很高的事情。第一,在竹溪工业园区内有13家化工、印染、塑料企业,每年都可以给当地政府带来很大的财政收入。如果要把让这13家企业搬离,当地政府的损失会比较大。这是地方政府所不愿意承受的。第二,一旦13家污染企业搬迁,那么竹溪工业园区就将成为一块废地,这也将是一个不小的损失。第三,这13家污染企业为政府提供了许多的工作岗位,缓解了当地的就业压力,减轻了地方政府提供公共服务的负担。这其中涉及许多人的利益,既得利益者是不愿意让步的。因此当地政府面对村民的抗争选择了封锁消息、武力镇压的方式。

厦门PX事件的诉求是将还未开始建设的PX项目迁址,这对于当地政府来说成本就比较低了。第一,虽然PX项目预计每年会给厦门政府带来800亿元的GDP,但是这毕竟只是预计,而不是已经实

---

① 黄家亮:《通过集团诉讼的环境维权:多重困境与行动逻辑——基于华南P县一起环境诉讼案件的分析》,见《中国乡村研究》第6期,福建教育出版社2008年版。

② 黄家亮:《通过集团诉讼的环境维权:多重困境与行动逻辑——基于华南P县一起环境诉讼案件的分析》,见《中国乡村研究》第6期,福建教育出版社2008年版。

现的事情，所以地方政府可以比较理性的考虑市民的意见。第二，PX项目还没有开始建设，因此迁址的成本不会很大。第三，PX项目的迁址对于当地的既得利益者没有妨碍，所以受到的阻力较小。因此当地政府在最初的沉默之后选择了比较开明的态度对待市民的意见。

从三个案例的比较可以看出，当居民的诉求涉及地方政府的既得利益时，地方政府的回应会更强硬，而当居民的诉求没有涉及既得利益，地方政府回应的态度就会更缓和、更开放。

其次，集体性抗争性行动的策略组合对于地方政府的回应方式的选择也有不同的影响。这些策略包括给政府机构和官员写信、提交议案、法律诉讼、媒体手段、上访，以及示威游行等。在这些策略中前四种可以称作合作性的策略，而后两种可以称之为对抗性的策略。从表1中可以看出，这三个集体性抗争行动所选择的策略有相同的，也有不同的。福建屏南事件采用的都是合作性的策略，与地方政府的正面冲突较少，因此当地政府一直采取一种回避态度。浙江东阳事件中则运用的都是对抗性策略，与地方政府发生了激烈的正面冲突，而地方政府为了维护社会稳定以及维护自身的权威和利益选择了封锁消息和正面压制的策略。而厦门PX事件则是先使用了合作性的策略，之后才采用了游行示威的对抗性策略，因此地方政府采用了比较理智和开放的态度处理此次集体性抗争行动。

在福建屏南事件中，当地居民意识到污染企业的危害之后，开始给政府机构和官员写信，这也取得了比较好的成果，国务院给宁德市环保局和福建省环保局发了督办公函，国家环保总局宣教中心和当时的国务院总理朱镕基都发来了邮件，这给了当地居民极大的鼓舞。之后他们写信向媒体求助，也得到回应，全国各大媒体都纷纷发文报道。① 当地村民在中国政法大学污染受害者法律帮助中心的帮助下发起一场声势浩大的"千人大诉讼"。这些合作性的策略使得地方政府没有与当地居民正面对抗，没有直接刺激到当地政府的神经，因此当地政府采用了回避的策略，政府的干部都被要求站在企业一边，努力做好群众工作。②

而浙江东阳事件中当地居民采用的策略就完全不一样了。起初村民选择了上访，向上级政府反映情况，希望能够解决问题，但是失败了。之后，当地居民就开始搭建毛竹棚，堵塞路口，以此来表示自己强烈的不满以及要求污染企业搬迁的决心。当地居民的这两个对抗性策略都直接挑动了地方政府敏感的神经，地方政府派出了3000多人的拆毛竹棚大队，这一简单粗暴的行为激化了矛盾，直接导致了大规模暴力冲突的发生。

厦门 PX 项目因为赵玉芬等 105 位政协委员提交的议案才进入人们的视野，引起了厦门市民的关注。此时厦门市政府选择了在报纸上向民众解释 PX 项目的危害不大，希望以此能平息厦门市民的担忧和不满。但是厦门市民显然更认同专家的观点，而不相信政府的解释，所以厦门市民组织起了"散步"行动，以此来给政府施加压力。厦门市政府在"散步"开始之后，立即宣布展缓 PX 项目的建设，并进行网上投票和市民座谈会，积极听取市民的意见。当厦门市民由合作性策略转为抗争性策略时，地方政府的应对方式也发生了转变。

从以上这三个案例的比较可以看出，在事件发生时，当地居民选择的抗争策略不同，地方政府的应对方式也完全不同。在应对合

---

① 黄家亮：《通过集团诉讼的环境维权：多重困境与行动逻辑——基于华南 P 县一起环境诉讼案件的分析》，见《中国乡村研究》第 6 期，福建教育出版社 2008 年版。

② 黄家亮：《通过集团诉讼的环境维权：多重困境与行动逻辑——基于华南 P 县一起环境诉讼案件的分析》，见《中国乡村研究》第 6 期，福建教育出版社 2008 年版。

作性策略时，地方政府的回应也比较缓和，速度也较慢，而在应对抗争性策略时，地方政府的回应会比较激烈与迅速。

最后，媒体的参与也对地方政府应对方式的选择有重要影响。在这三个案例中的媒体参与程度是不相同的。在福建屏南事件中媒体的参与度很高，给当地政府的舆论压力也较大；而在浙江东阳事件中媒体几乎没有参与，基本没有什么舆论压力；在厦门PX事件中当地市民和地方政府都运用到了媒体，当地居民通过媒体了解到PX项目的危害，依靠网络、手机等新媒体开展抗争行动，而地方政府则运用媒体向民众解释、传达政府的信息。

在福建屏南事件中，当地居民利用触目惊心的图片和当时的国务院总理朱镕基的邮件引起了国内外媒体的广泛关注，给当地政府造成了巨大的舆论压力。媒体的大量报道，引起了上级政府的高度重视，因此舆论压力又转化成了自上而下的体制压力。当地政府面临着舆论和体制的双重压力，因此应对方式比较慎重和保守。

在浙江东阳事件中，当地政府的消息封锁十分严密，当地媒体集体失声，而外界媒体又难以获得真实准确的信息，缺少必要的舆论监督和舆论压力，因此当地政府在做出应对时就比较肆无忌惮，选择了直接粗暴的回应方式。

在厦门PX事件中，媒体的参与程度也很高。外界媒体十分关注，而当地居民也运用网络、手机等新媒体传播信息，号召和组织抗争活动，而地方政府也知道媒体作用，积极地运用媒体来向公众传播信息，解释PX项目，希望能够说服民众。媒体使得地方政府更加理性与开放。

媒体的监督可以让地方政府在选择回应方式时更加慎重。一旦地方政府的回应方式出现问题，媒体报道将会给地方政府带来巨大的舆论压力，而舆论压力又可以转换为体制内的压力。从这里就可以看出媒体参与对于地方政府回应集体性抗争行动的方式有很大影响。

六、结　论

本文比较了三个环保领域的集体性抗争行动中地方政府的应对方式和结果。福建屏南事件中，地方政府避开了与当地居民的正面冲突；浙江东阳事件中，地方政府选择了简单粗暴的应对方式，导致了大规模暴力冲突的发生；厦门PX事件中，地方政府迅速、开放的应对方式为其赢得好评。本文认为这三个集体性抗争行动中地方政府回应方式的不同可以从抗争内容、抗争策略和媒体参与三个方面来解释。福建屏南事件中由于当地居民采取了诉讼的方式来捍卫自己的权利，因此地方政府避开了与当地居民的正面冲突；浙江东阳事件中由于地方政府严密封锁消息，从而缺少监督，使得当地政府无所顾忌地选择了简单粗暴的应对方式，导致了大规模暴力冲突的发生；厦门PX事件中，由于市民和政府双方都比较克制和理智，因此当地政府选择了开放、民主的方式回应集体行动。

本文得出了以下几个结论：第一，集体行动的抗争内容对政府的回应方式有重要的影响。在福建屏南事件和浙江东阳事件中当地居民的诉求都影响到当地政府的直接利益，因此当地政府回应不积极，采取的回应措施也比较强硬，希望可以直接压制住当地居民。而厦门PX事件则没有涉及地方政府的既得利益，因此地方政府的回应态度比较理性，采取的回应措施也更温和。

第二，集体行动抗争策略的选择对地方政府的回应方式有很大的影响。福建屏南事件中当地居民运用的都是合作性的抗争策略，所以没有与地方政府发生激烈的正面冲突。因此地方政府的回应方式只表现在回应态度上，而没有采取直接的干预当地居民的行动。浙江东阳事件中当地居民采取都是对抗性的抗争策略，所以直接与地方政府发生了正面冲突。因此地方政府的回应方式比较简单直接，最终导致了大规模暴力冲突。厦门PX事件中，首先运用了合作性的策略，而地方政府的回应也较缓慢温和，之后当地居民选择了"散步"这一抗争性的策略，地方政府的回应方式也相应地发生了变化，变得迅速但仍旧比较缓和理性。

第三，媒体参与也影响着地方政府回应集体行动的方式。媒体的监督可以让地方政府在回应集体行动时多一份考量和忌惮。正如在福建屏南事件和厦门PX事件中一样，媒体造成的舆论压力以及舆论压力转化成的体制内压力都会让地方政府在选择回应方式时更加理性和温和。而在浙江东阳事件中正因为缺少了媒体的监督，所以地方政府才敢采取直接粗暴的镇压手段去应对当地居民的集体行动。

随着经济和社会的不断发展，集体性抗争行动也层出不穷。维稳已经成为我国的一项重要工作。本文研究的三个集体性抗争行动由于地方政府的应对方式不同最终造成的结果也不同。因此想要维护社会的稳定，地方政府的回应方式一定要慎重选择，否则就会如浙江东阳事件中的那样，造成更大的冲突和不稳定。适当的利益诉求、恰当的策略组合以及媒体的监督作用，都可以让地方政府的回应方式向理性、开放的方向发展，从而使社会更加和谐。当然本文的理论也有许多不足之处，比如地方政府的回应方式的选择还和国家政策以及国家的结构性行为有密切联系。

大学生社团参与对政治参与影响的实证研究

刘彩云[*]

【摘　要】 学界对高校大学生社团参与和政治参与方面已经有诸多研究，迄今为止取得了很多研究成果。关于大学生社团参与和政治参与关系方面存在诸多争议，本文采用实证研究的方式，对高校大学生进行了问卷调查，对资料的分析表明，大学生社团参与对政治参与并没有显著的影响。但大学生对政治类社团的认同度越高，则对政治参与的积极性和认同度越高。基于此，提出注重高校政治思想教育类型社团的建设等建议，来达到增强大学生政治参与意识和能力培养的目的。

【关键词】 大学生　社团参与　政治参与　相关性

一、引　言

近年来，大学生政治参与意识和参与能力的培养受到社会各界的重视，通过各种渠道，如参与政治选举、加入中国共产党等方式来培养大学生的政治参与能力和意识，然而当代大学生政治参与仍然存在政治热情和政治冷漠并存、政治参与流于形式等问题，如何通过有效的途径培养大学生的政治参与能力和意识，是探索

---

[*] 刘彩云，华东政法大学政治学理论专业研究生。

的目标。中国大学生作为未来中国政治参与的主体，在人生观、价值观形成的重要阶段，如何对大学生进行正确的政治参与意识指导，培养其政治参与能力，是当下如何为未来培养合法政治公民的重要课题。

高校在如何提高大学生政治参与意识和能力方面，做出了诸多努力，也使大学生能通过各种途径进行政治参与，响应了时代的要求。高校社团在培养大学生参与能力方面发挥着重要作用，虽然两者存在差别。但大学生社团的形成过程、组织的结构与参与方式等，都与政治参与途径中的社会团体类似。大学生在组成社团组织和参与社团组织活动的过程中，是否可以提升自身的政治参与意识和参与能力，为政治参与提供必要的能力准备，而大学生社团参与对于是否具有促进政治参与意愿的功能，尚需进一步验证。

二、大学生社团参与和政治参与研究回顾

大学生作为未来年轻的一代，是未来政治参与的主体，国内外学者对大学生政治参与存在的问题，以及对大学生政治参与能力的培养非常重视，在这方面完成了很多研究成果。总体来看，国内外学者对于大学生政治参与的研究，主要从什么是政治参与，如何进行政治参与，以及影响大学生政治参与的因素等方面进行研究。国内外研究中对于大学生社团参与对政治参与作用的促进这一方面，进行了零散的研究。

（一）国外研究大学生社团参与和政治参与的研究回顾

目前国外学者在对政治参与做定义时产生了分歧，部分学者认为，政治参与是排除了政治心理、政治意识的参与行为，而美国学者巴恩斯和威廉·F.斯通认为政治参与应该把行为以及与行为相关的认识的意识形态包括在内，将网络媒体作为间接政治参与的途径。

但国外学者普遍认同政治参与指的是公民通过合法的渠道对政府政策进行影响，以达到维护自身利益的目的。

从政治参与渠道分析中，Carlisle 从网络的视角分析公民的政治参与，通过实证研究，得出 facebook 的运用对于公民政治参与的扩大没有明显的作用①，通过此途径不能明显地扩大大学生政治参与。而 Cherian George 则认为网络信息的传递是影响大学生政治参与的重要因素，这种影响在 21 世纪以来尤为突出，对于大学生而言，在网络中直接地和间接地接触政治信息，有利于学习政治知识和政治参与技巧。② 同样在对影响大学生政治参与因素研究中，Dana R. Flsher 从社会运动和政治选举关系的角度出发，对青年政治参与做了实证研究，认为社会运动促进了青年的政治参与。③ 而 Richard Sobel 认为大学生工作参与对于政治参与具有促进作用，工作环境也会影响政治参与的积极性。④ Marco Boffi 则认为政治家作为选举文化的一部分，影响着青年大学生的政治参与，作为一种选举的文化吸引着大学生进行政治参与。⑤ Viadimir Vujcic 以大学生作为研究对象进行实证研究，分析了政治参与与民主的关系，认为大学生政治参与在不同地区对民主政治的发展具有不同作用，同时认为自我保护的潜能

---

① "Is Social Media Changing How We Understand Political Engagement?" An Analysis of Facebook and the 2008 Presidential Election, *Political Research Quarterly*, 2013.

② Hao Xiaoming, Wen Nainan, Cherian George, "The Impact of Online News Consumption on Young People's Political Participation", *International Journal of E - Politics* (IJEP), 2014.

③ Dana R. Fisher, "Youth Political Participation: Bridging Activism and Electoral Politics", *Annual Review of Sociology*, 2012.

④ Richard Sobel, "From occupational involvement to political participation: An exploratory analysis", *Political Behavior*, 1993.

⑤ Marco Boffi, "Politicians as cultural selectors: Favouring or discouraging youth participation", *Human Affairs*, 2012.

促进公民政治参与能力。① 大多数西方国家（如英、法、德）对大学生政治参与意愿的研究中得出结论，教育程度越高的人，参政意愿越强。

国外关于大学生社团的研究，主要可以分为两个层面，第一个层面主要对社团类别的区分以及对社团组织自身发展的研究，第二个层面主要是对社团领导和成员发展的研究。在大学生社团组织层面，1983年Conyne认为大学生社团结构是三个同心圆，分为核心层，团队胜利层，成员满意层。而国外对于社团成员的管理是要通过考核加入，包括平时成绩考核。而大学社团分为学术和职前准备类，艺术类、政府与政治类、公共服务类等等。（Lewis，2004）基于组织层面的大学生社团研究，多从学校管理的方面出发；个体层面的大学生社团研究中，Holland认为社团活动的学生领导有更高程度的社会活动参与。在对社团成员的研究中，认为社团成员加入学校社团后，能更好地适应学校、提高心理承受能力等等。Lewis运用元分析的方法对大学生社团参与进行分析，亲社会社团的参与和学生未来成就成正相关。

国外对大学生社团的研究中，认为大学生参与社团活动，对于培育政治参与能力具有重要的影响，路易斯·阿尔瓦拉-贝特兰德（Luis Albala-Bartrand）指出，一个年轻人在学校的社团中是可以被迁移到政治生活中的。学生通过参与高校社团可以间接地影响其在日后政治生活中的政治意识与政治行为。但在大学生社团参与和政治参与相关性研究方面，缺乏实证研究，缺乏数据的支持，没有进行深入研究。

---

① Xunan Feng, Anders C. Johansson, "Escaping political extraction: Political participatio, institutions, and cash holdings in China", *China Economic Review*, 2014.

(二) 国内研究大学生社团参与和政治参与的研究回顾

国内学界对大学生政治参与的定义不尽相同：部分学者从狭义的角度出发定义政治参与。对于大学生政治参与的判断方面，部分学者认为，当前大学生在政治参与意识和能力方面，表现出良好的态势；另有部分学者认为，由于部分大学生的主观因素以及客观因素的限制，造成大学生政治参与意识淡薄。虽然在政治参与的诸多方面存在分歧，但还是存在共识：认为政治参与是国家政治生活的重要组成部分，对于发展民主政治，推进政治现代化具有重要作用，以及政治参与主要途径可分为制度化的政治参与（如选举、投票、政党、结社等）与非制度化的政治参与（如个别接触）。孙宇、谢天龙在研究大学生政治参与意识的过程中，认为大学生表现了符合其年龄阶段的时代感与一定的政治参与度，以及由于受到大学生本身政治参与动机不纯（主要指功利化）、短视、在学校组织中有不公正的参与经历的影响，严重制约着大学生政治参与意识的向前发展。[①] 蒋研川在当代大学生政治参与的影响因素探究中，认为性别、政治面貌、是否担任学生组织干部、社团组织、校园文化、个体价值观、学校和政府提供的参与渠道等对大学生政治参与具有较高统计显著性结果。提出提高大学生政治参与能力的途径是规范和拓宽大学生政治参与途径。[②] 田小平在对大学生政治参与的功能进行分析时，认为大学生政治参与是国家合法性来源的基础，是实现政治参

---

① 孙宇、薛荻枫、谢天龙、田家宁、夏浩然：《"90后"大学生政治参与意识的调查研究——以北京大学学生为中心的考察》，载《学校党建与思想教育》，2011年第29期。

② 蒋研川、刘佳：《大学生政治参与影响因素分析》，载《重庆大学学报（社会科学版）》，2013年第4期。

与有序化和制度化的重要组成部分，对于培育我国的公民文化也具有重要作用。同时提出当代中国大学生政治参与具有以下特点：参与意愿强烈的同时对政治参与的目标与作用缺乏清晰的认识；积极性高的同时也展现一定的自发性与无序性；政治热情与政治冷漠并存等问题。① 陈旭雯在大学生政治参与的途径方面的研究中，认为大学生进行政治参与的途径，主要有参加中国共产党，参加选举，以及参加各种社团组织。认为大学生社团参与是政治参与的重要途径，高校应该大力推进大学生社团建设，推进大学生的政治参与。② 而在信息网络发展的背景下，大学生政治参与途径得以扩展，大学生利用网络进行政治参与。但房正宏认为，在网络参与的情况下，大学生政治参与出现了政治意识与政治行为脱节以及非理性参与的问题。③ 为了解决大学生政治参与中的政治冷漠与非理性等问题，叶明云认为可以通过提高大学生自身参与意识、建设公正合理的政治参与制度、优化政治参与氛围等来提高大学生政治参与的意识与能力④。

在对于大学生社团参与的探讨中，国内学者对于大学生社团参与是否是政治参与存在分歧，陈旭雯认为大学生社团组织是大学生

---

① 田小平：《当代大学生政治参与功能、特点及渠道建设》，载《人民论坛》，2013年第35期。
② 陈旭雯、傅阳栋：《加强高校社团建设 推动大学生政治参与》，载《黑河学刊》，2011年第5期。
③ 房正宏：《大学生网络政治参与：现状分析与探讨》，载《中国青年研究》，2011年第3期。
④ 叶明云：《我国公民政治参与及其影响因素分析》，载《法制与社会》，2010年第5期。

政治参与的途径①，但大部分学者并没有对大学生社团组织是否是政治参与途径进行清晰的界定。但大部分学者在对于大学生社团组织结构、作用等方面具有共识，认为大学生社团组织对于提高大学生素质、培养良好的校园文化等方面具有积极作用。② 林伯海在大学生社团组织的结构研究中，对大学生社团组织管理进行了相关探究，认为当前大学生社团组织管理存在官僚化的倾向，并提出了学校对于高校大学生社团管理既要管，又要做到管而不死的建议。③ 陈旭雯从高校大学生社团参与和政治参与相关性这种新的角度来研究高校社团发展，认为高校社团组织是高校思想政治教育的主要阵地，是培养大学生政治参与和政治意识的摇篮。

总的来说，国内外学者对于政治参与研究以及大学生政治社团参与研究取得了一定成果，向后来的研究者展示了大学生政治参与的途径、作用、影响因素、不足、对策等，同时也展示了大学生社团组织的作用、不足、管理等，对本次研究具有一定启迪作用。但是，也存在一定不足：第一，在对大学生社团参与和政治参与的研究中，研究的学者少，且大多数学者没有清晰界定大学生社团组织参与和政治参与的关系，以及没有对大学生社团组织参与对政治参与推动作用进行深入探讨；第二，在政治参与的研究中，对于大学生政治参与的概念没有统一的界定；第三，较少学者对国外的文献作出研究，借鉴外国的经验。因此，我的研究点主要是从实证研究

---

① 陈旭雯、傅阳栎：《加强高校社团建设 推动大学生政治参与》，载《黑河学刊》，2011年第5期。

② 孙凌杉、龚静、苏晓建：《高校社团管理问题及对策探析——以苏州某高校社团为例》，载《才智》，2013年第22期。

③ 林伯海、刘国平：《我国高校社团管理官僚制化倾向初探》，载《学校党建与思想教育》，2006年第2期。

方面对二者关系作出深入的探究，并验证大学生社团参与和大学生政治参与是否存在相关性。

三、概念界定

（一）政治参与

对于政治参与的界定十分丰富。由于研究者在研究视角和研究方法上的差异，有的学者偏重于从过程的角度看待公民参与。目前国外学者在对政治参与下定义时产生了分歧，部分学者认为，政治参与是排除了政治心理、政治意识的参与行为，而美国学者巴恩斯和威廉·F.斯通认为政治参与应该把行为以及与行为相关的认识的意识形态包括在内，将网络媒体作为间接政治参与的途径。但国外学者普遍认同政治参与指的是公民通过合法的渠道对政府政策进行影响，以达到维护自身利益的目的。部分学者从狭义的角度出发定义政治参与，认为政治参与应该排除不合法的政治参与，而部分学者则从偏重于过程的角度出发，认为政治参与就是区域与区域、少数与多数支持或反对国家政体、体制、决策和分配公共利益决策的行为。在这里，我们采用的是孙关宏对政治参与的定义：特定体制框架内普通公民或公民团体影响政府人事构成和政府政策制定的各种行为。

（二）大学生社团参与

那么大学生社团组织指什么呢？大学生社团组织是指高校大学生自愿组成的，基于共同的兴趣爱好联结而成的大学生自治团体，在学校相关部门登记注册，由学校社团联合会统一管理。大学生社团组织在中国的大背景下并非政治参与的途径，原因是在中国，对于政治参与途径的社会团体具有明确规定：实行由业务主管单位

"批准制度"和登记管理机关"登记制度"的双重许可制度管理下的、公益性的社会自治组织。所以大学生社团组织并非是政治参与的途径，也与社会团体存在着很大的差别。

四、大学生社团参与和政治参与的研究设计

（一）研究假设

根据陈旭雯、傅阳栋的研究，认为高校大学生社团参与对大学生政治参与具有推动作用，大学生通过高校社团参与能培养政治参与能力和政治参与意识，因此提出以下假设：

H1：大学生社团参与度的提高，会显著提高其政治选举参与度

H2：大学生社团参与度的提高，会显著提高其非制度化政治参与水平

H3：大学生社团参与度的提高，会明显提高大学生的政治参与意识

（二）指标体系与变量设计

1. 指标体系

由大学生社团参与的数量、社团活动参与多少、对社团管理流程的了解情况等指标作为判断大学生社团参与的指标，采用政治选举参与、非制度性政治参与、对政治参与的看法等指标作为判断大学生政治参与的指标，每一个指标下设维度，表示强度。如表1所示：

表1 指标体系表

一级指标	二级指标	三级指标
社团参与	数量	考察大学生参与社团数量的多少
	频率	考察大学生参与社团活动的多少
	质量	考察大学生参与社团活动的深度
政治参与	政治参与价值观	考察大学生对政治参与的看法
	政治参与意识	考察大学生是否具有政治参与的意识
	政治参与行为	考察大学生是否具有政治参与的行为

2. 变量设计

因变量是当前大学生政治参与的意识和行为，即对于政治参与的意愿变量、进行政治参与的行为数量变量等，在这里政治参与行为分为制度性政治参与和非制度性政治参与。设计相应问题时，如果简单地问"你是否有政治参与的意识"，多数人可能会回答：存在很强烈的意识。这样就无法了解被调查者的真实想法。对于是否有政治参与的意识，可以从政治参与意识的价值评价来体现，如采用"您对你身边积极进行政治参与的同学的看法"，或者从"您认为大学生政治参与具有何种作用"这些问题进行设问，从而可以了解这些被调查者是否有具备政治参与的意识。又如，在进行政治参与行为的设问时，如果简单地问"你是否有过政治参与的行为"，或者"你在大学期间有过哪些政治参与的行为"，这类问题都不能得到被调查者的真实资料，因为此类问题很难回答。所以在设问时，如果采用"在大学期间是否参与过选举"，或"您在大学期间是否参与过投票选举人大代表"等问题，则可以使被访者轻松回答。

自变量是大学生社团参与影响变量等。由于假设前提是大学生社团参与能有效地推动大学生政治参与，即大学生社团参与因素是大学生政治参与的影响因素，结合前期假设，大学生社团参与对大学生政治参与的意识和行为上的影响,则大学生社团参与变量主要包括意识、行为等不同维度的变量,每一维度又具有若干子变量。

控制变量:这些变量主要是答卷者所在的城乡户口、政治面貌、性别、年级、民族等。如表2所示:

表2 变量表

控制变量	性别	年级	专业	户籍	政治面貌	民族
自变量	参与数量	参与频率	参与质量			
因变量	政治参与价值观变量	政治参与意识变量	政治参与行为变量			

(三)问卷设计与样本选择

问卷设计:问卷正文主要分为两大部分,第一大部分为被访者的基础信息,第二大部分为社团参与和政治参与具体情况,根据变量的定义以及指标体系的建立来设计问卷。基础信息部分大致为被访者性别、年级、专业、户籍、政治面貌、民族;在了解被访者社团参与和政治参与具体情况的问卷设计时,分别根据指标体系展开。为测量被访者社团参与情况,设置了社团参与数量、在社团中的最高职位、社团运行流程是否清楚、参加活动情况等指标测量大学生社团参与的情况;为测量被访者政治参与情况,主要从身边积极政治参与同学的多少、对积极政治参与同学的看法、对政治参与是否能影响政治体系制定的看法、是否参加选举、是否参加信访等表达利益诉求、是否关注时政、参与政策制定、是否有公开发表自己的政治看法的经历这八个维度展开,具体测量大学生政治参与情况。在问卷问题设计时,换位思考,不对作答者进行引导,从对身边积极政治参与同学的看法可以间接得出被访者是否具有政治参与意识,其他问题可反映被访者是否有政治参与行为。

样本选择：样本的选择是在四川高校中随机选择，抽取了成都理工大学、四川大学、电子科技大学、成都大学、成都中医药大学、成都信息工程学院等多所大学的大学生作为样本，年级区间为大一到大五的大学生。共随机抽取720名同学作为被访者，有效问卷达710份，选择样本区域范围广、样本数据大，具有一定的代表性。

（四）调查过程与数据处理

调查过程：调查过程分为预调查和正式调查，预调查是小规模发放50份问卷进行效度和信度测试，根据spss软件的分析结果，信度测试为0.76，证明问卷信度较高。但在预调查过程中，发现问卷问题与选项设计存在问题，如问题："您目前参加了学校的几个社团？"答案中未设置未参加，导致未参加社团的被调查者在填写问卷时无法作答，以及与这道题目相连接的题目"您在目前社团中的最高位置是"，未设置选项"无"，使未参加社团的同学无法作答。在预调查后，将问卷重新设计修改，再进行正式调查，大规模发放。由于时间和人力的限制，共发放问卷720份，回收715份，有效问卷710份。

数据处理：回收问卷后，使用spss软件对回收的问卷进行数据处理，录入问卷信息，分析问卷，进行描述性统计分析以及相关性分析。

五、大学生社团和政治参与的描述统计和模型分析

（一）被调查者的描述统计分析

首先，本研究对被调查者的基本信息进行了描述性统计分析，以便有一个概括性了解，具体统计结果见表3：

表3 被调查者描述性分析表

变量	编码	取值	样本个数	比例(%)
性别	0	女	353	49.7
	1	男	357	50.3
年级	1	大一	258	36.3
	2	大二	116	16.3
	3	大三	305	43
	4	大四	29	4.1
	5	大五	2	0.3
专业	1	文史类	241	38.2
	2	理工类	419	59
	3	艺术类	20	2.8
户籍	0	城镇户籍	256	36.1
	1	农村户籍	454	63.9
政治面貌	0	党员	76	10.7
	1	非党员	634	89.3

由表3可以看出，被调查者性别构成，男性为357，占比50.3%，女性为353，占比49.7%，男女比例接近1∶1，说明选取的被访者男女比例比较合理。被调查者年级分布，大一学生数量为258，占比36.3%；大二学生数量为116，占比16.3%；大三学生数量为305，占比43%；大四学生为29，占比4.1%；大五数量为2，占比0.3%。被调查者的专业类别，文史类学生数量为241，占比38.2%；理工类学生数量419，占比59%；艺术类学生数量为20，占比2.8%。被调查者户籍构成，城镇户籍学生数量为256，占比36.1；农村户籍学生数量为454，占比为63.9%。被调查者政治面貌构成情况，党员76人，占比10.7%；入党积极分子132人，占比18.6%；共青团员461人，占比64.9%；群众41人，占比5.8%。

（二）大学生社团参与影响大学生政治参与的模型分析

接下来本文将深度分析大学生社团参与对大学生政治参与是否存在影响，二者关系如何。由于分为三个指标体系，即大学生社团参与对大学生制度化政治参与的影响，大学生社团参与对大学生非制度化政治参与的影响，大学生社团参与对大学生政治参与意识的影响，本文将从这三个方面进行分析。本文考察的因变量是编码为 0 和 1 的二元虚拟变量，因此使用二分 logistics 回归模型进行估计。

1. 被调查者参与政治选举的二分 logistics 回归模型

下表报告了被调查者参与政治选举的回归统计结果。模型 1 是只包括控制变量的基准模型，模型 3 是引入了全部预测变量的全模型。所有三个模型的整体似然比卡方值在相应的自由度下，均有高度的统计显著性。

模型 1 表示，被调查大学生政治选举中投票行为受到下列因素影响。控制变量中的性别、年级、政治面貌都对大学生选举投票行为具有显著影响。这与蒋研川等人的研究结果是一致的。模型 1 也考察了年级对大学生选举行为的影响，二者成正相关关系，年级越高，参与选举的次数越多。另外，是否是党员也对大学生参与政治选举产生了显著的影响，党员比非党员参与政治选举的程度更高。

模型 2 考察了大学生社团参与对大学生政治选举的影响。统计结果显示，大学生社团参与对大学生政治选举并没有影响。原因在于，虽然大学生的社团参与在流程和组织结构上与政治参与流程有一定相似性，但高校社团大多是基于共同兴趣爱好而形成的社团，对于政治参与能力的培养并不具有显著影响。由此说明了在控制相关变量后，二者并不具备显著的相关性，这说明假设 1 不成立。

模型 3 考察了在控制相关变量后，大学生社团参与对大学生政治选举的影响，同样，除了性别、年级、政治面貌外，其他变量都没有产生显著的影响。

表4 被调查者参与选举的二分 logistics 回归模型

变量	模型1	模型2	模型3
参加社团数量		1.134	1.121
		(0.105)	(0.109)
在社团中职位		0.922	0.879
		(0.098)	(0.102)
对社团流程了解		0.854	0.927
		(0.172)	(0.180)
社团组织结构了解情况		0.877	0.899
		(0.173)	(0.180)
社团活动参加情况		0.775	0.765
		(0.147)	(0.154)
对政治类社团看法		0.876	0.932
		(0.099)	(0.104)
性别	0.551*		0.585*
	(0.205)		(0.209)
年级	1.527***		1.547***
	(0.110)		(0.115)
专业	1.238		1.247
	(0.188)		(0.1897)
户籍	0.800		0.768
	(0.199)		(0.203)
政治面貌	0.631**		0.681**
	(0.123)		(0.127)
民族	0.924		1.073
	(0.293)		(0.301)
卡方值	42	22	56
d	6	6	12
Significance	0.000	0.001	0.000

注：括号中为标准误，＊＊＊p<0.001，＊＊p<0.01＊，＊p<0.05(双尾检验)。

2. 被调查者非制度性政治参与的二分 logistics 回归模型

下表报告了被调查者非制度性政治参与的回归统计结果。模型1是只包括控制变量的基准模型，模型3是引入了全部预测变量的全模型。三个模型的整体似然比卡方值在相应的自由度下，均有高度的统计显著性。

模型1表示，被调查大学生非制度性政治参与受到下列因素影响。控制变量中的性别、专业、政治面貌都对大学生非制度性政治参与具有显著影响。性别对大学生非制度性政治性参与具有显著的影响。模型1也考察了专业对大学生非制度性政治参与的影响，文科生的非制度性政治参与明显高于其他专业。另外，是否是党员也对大学生非制度性政治参与产生了显著的影响，党员比非党员非制度性政治参与的程度更高。

模型2考察了大学生社团参与对大学生非制度性政治参与的影响。统计结果显示，大学生社团参与对大学生非制度性政治参与并没有影响，由此说明了在控制相关变量后，二者并不具备显著的相关性，这说明假设2不成立。

模型3考察了在控制相关变量后大学生社团参与对大学生非制度性政治参与的影响，同样，除了性别、专业、政治面貌外，其他变量都没有产生显著的影响。

表5 被调查者参加个别接触等非制度性政治参与的二分 logistics 回归模型

变量	模型1	模型2	模型3
参加社团数量		1.180	1.145
		(0.142)	(0.144)
在社团中职位		0.908	0.906
		(0.126)	(0.126)

(续表)

变量	模型1	模型2	模型3
对社团流程了解		1.171	1.122
		(0.247)	(0.253)
社团组织结构了解情况		0.939	0.965
		(0.250)	(0.256)
社团活动参加情况		1.517	1.456
		(0.207)	(0.214)
对政治类社团看法		1.136	1.108
		(0.141)	(0.145)
性别	1.786*		1.648*
	(0.294)		(0.302)
年级	0.928		0.934
	(0.149)		(0.157)
专业	0.562*		0.530*
	(0.265)		(0.236)
户籍	1.045		1.108
	(0.284)		(0.290)
政治面貌	1.665***		1.488***
	(0.172)		(0.179)
民族	1.274		1.085
	(0.404)		(0.398)
卡方值	19	16	31
d	6	6	12
Significance	0.003	0.01	0.002

注：括号中为标准误，***p<0.001,**p<0.01*,*p<0.05（双尾检验）

3. 被调查者对政治参与态度的二分logistics回归模型

下表报告了被调查者政治参与态度的回归统计结果。模型1是只包括控制变量的基准模型，模型3是引入了全部预测变量的全模型。三个模型的整体似然比卡方值在相应的自由度下,均有高度的统计显著性。

模型1表示,被调查受到下列因素影响:控制变量中的性别、民族都对大学生政治参与态度具有显著影响。

模型2考察了大学生社团参与对大学生政治参与态度的影响。统计结果显示,只有大学生对政治类社团的看法这一变量对大学生政治参与态度具有显著的影响,二者成正相关关系,对政治类社团越认可的大学生,对政治参与的态度越积极。其他变量均不具有显著的影响。由此说明了在控制相关变量后,二者并不具备显著的相关性,这说明假设3不成立。

模型3考察了在控制相关变量后大学生社团参与对大学生非制度性政治参与的影响,同样,除了性别、民族、对政治社团的看法外,其他变量都没有产生显著的影响。

表6 被调查者对政治参与看法的二分logistics回归模型

变量	模型1	模型2	模型3
参加社团数量		0.984	0.989
		(0.083)	(0.084)
在社团中职位		0.051	0.929
		(0.077)	(0.079)
对社团流程了解		1.129	1.151
		(0.143)	(0.146)
社团组织结构了解情况		0.939	0.954
		(0.143)	(0.145)
社团活动参加情况		1.236	1.212
		(0.124)	(0.126)
对政治类社团看法		1.629***	1.657***
		(0.081)	(0.083)
性别	0.749*		0.711*

(续表)

变量	模型1	模型2	模型3
	(0.167)		(0.168)
年级	1.007		1.092
	(0.087)		(0.095)
专业	0.853		0.775
	(0.156)		(0.165)
户籍	1.055		1.139
	(0.157)		(0.164)
政治面貌	1.160		1.052
	(0.105)		(0.111)
民族	1.629*		1.497*
	(0.242)		(0.251)
卡方值	10	52	62
d	6	6	12
Significance	0.03	0.0000	0.000

注：括号中为标准误，$***p<0.001$，$**p<0.01$，$*p<0.05$（双尾检验）。

六、结　论

本文基于对四川省高校大学生做的调查数据，对大学生社团参与和政治参与的关系进行了分析。本文的研究发现，大学生社团参与对大学生政治选举参与、非制度性政治参与、政治意识这三个方面，在控制一系列变量后均没有显著的影响。陈旭雯等人的研究认为高校大学生社团对于推动大学生政治参与具有积极作用，而基于本文的研究发现，二者并没有明显的关系，也就证伪了假设，三个假设都不成立。

当然在研究中，有一点值得我们关注，即大学生对于政治类社团的态度对于大学生对政治参与态度的影响是积极的，即大学生对政治类社团越认可,那么对政治参与的态度越积极。说明,在当前的高校大学生政治参与中,大学生社团参与虽然没有明显的影响,但对于大学生政治参与能力和参与意识的培养方面,还是可以从高校大学生社团着手,提升其影响力,以此来培养大学生的政治参与能力和参与意识。因此,应采取进一步措施,一是注重高校政治思想教育类型社团的建设,在对被访者分析中,大部分被访者愿意或在有好处的情况下愿意参加具有明显政治性色彩的社团,但大部分被访者不知道这样社团的存在。高校政治思想教育类社团在高校社团中比较少见,可以由本校的思想政治学院作为主要指导方,对政治思想教育类社团的建设作出指导,既要符合大学生的兴趣爱好,也要达到思想政治教育的作用,使大学生在参与思想政治教育类社团活动的过程中,学习到基本的政治参与能力。比如筹建一个政治思想教育社团,举办一些政治演讲、模拟选举过程、发布政治事件分析榜等活动,不只限于本社团成员参加,调动学校学生参加,达到培养政治参与能力和政治参与意识的目的。二是政府以及学校在资金上大力支持高校社团发展,把高校社团组织当作大学生政治教育的前沿阵地,前提是要使社团得到蓬勃发展,资金是组织得以存在和运作的前提。三是开展党组织进社团的探索,依托社团党组织引导社团成员的政治参与意识。在社团组织内党员充分发挥示范作用,对思想落后以及政治参与意识薄弱的学生进行引导,引导社团成员正确进行社团活动的参与以及鼓励社团成员积极参与类似于社团选举的活动,培养社团成员的参政意识。

  本文也还存在许多不足和值得进一步讨论的地方,由于受人力物力的限制,调查过程偏向于便利性,今后有待于改进。对于影响大学生政治参与因素的分析有待进一步增强。

参考文献：

[1] 陈旭雯、傅阳栋：《加强高校社团建设 推动大学生政治参与》，载《黑河学刊》，2011年第5期。

[2] 房正宏：《大学生网络政治参与：现状分析与探讨》，载《中国青年研究》，2011年第3期。

[3] 高潮：《当前大学生政治参与状况调查——以武汉部分高校为例》，载《武汉理工大学学报（社会科学版）》，2010年第2期。

[4] 胡文靖、陶漫：《高校思想政治教育中大学生同辈群体的作用路径探析》，载《黑河学刊》，2010年第7期。

[5] 何学华、胡小波：《当代大学生政治参与的影响因素及对策》，载《贵州工业大学学报（社会科学版）》，2006年第4期。

[6] 蒋研川、刘佳：《大学生政治参与影响因素分析》，载《重庆大学学报（社会科学版）》，2013年第4期。

[7] 林伯海、刘国平：《我国高校社团管理官僚制化倾向初探》，载《学校党建与思想教育》，2006年第2期。

[8] 李尚旗：《论青年的网络化政治参与》，载《中国青年研究》，2008年第12期。

[9] 李雪：《大学生政治参与意愿和行为及其影响因素分析》，载《华中农业大学》，2009年第10期。

[10] 孙宇、薛荻枫、谢天龙、田家宁、夏浩然：《"90后"大学生政治参与意识的调查研究——以北京大学学生为中心的考察》，载《学校党建与思想教育》，2011年第29期。

[11] 孙凌杉、龚静 苏晓建：《高校社团管理问题及对策探析——以苏州某高校社团为例》，载《才智》，2013年第22期。

[12] 田小平：《当代大学生政治参与功能、特点及渠道建设》，载《人民论坛》，2013年第35期。

[13] 涂序堂：《大学生政治参与现状调查及相关分析》，载《教育学术月刊》，2008年第11期。

[14] 吴太胜：《大学生政治参与的现实考量与态势期望》，载《中国青年研究》，2010年第1期。

[15] 王笑君：《大学生社团状况的调查与思考》，载《吉林教育科学》，1999年第7期。

[16] 辛志勇、金盛华：《大学生的价值观概念与价值观结构》，载《高等教育研究》，2006年第2期。

[17] 叶明云：《我国公民政治参与及其影响因素分析》，载《法制与社会》，2010年第5期。

[18] 杨丽娜、张雷：《论网络对大学生政治社会化的冲击和挑战》，载《理论界》，2006年第5期。

[19] 杨红兵：《高校学生社团建设存在的问题及对策》，载《前沿》，2007年第4期。

[20] 姚勇：《高校学生社团在大学生政治参与中的作用研究》，载《华中师范大学》，2008年第6期。

[21] 周宪、邱晓毅：《建国以来中国大学生政治参与的嬗变》，载《广西青年干部学院学报》，2009年第5期。

[21] Dana R. Fisher, "Youth Political Participation: Bridging Activism and Electoral Politics", *Annual Review of Sociology*, 2012.

[22] Hao Xiaoming、Wen Nainan, Cherian George, "The Impact of Online News Consumption on Young People's Political Participation", *International Journal of E-Politics* (IJEP), 2014.

[23] Marco Boffi, "Politicians as cultural selectors: Favouring or discouraging youth participation", *Human Affairs*, 2012.

[24] Richard Sobe, "From occupational involvement to political participation: An exploratory analysis", *Political Behavio*, 1993.

[25] Xunan Feng、Anders C. Johansson, "Escaping political extraction: Political participation, institutions, and cash holdings in China", *China Economic Review*, 2014.

城市治理视野中的大联勤制度研究

——以上海嘉定区为例

张 宇[*]

【摘 要】本文主要对上海市嘉定区进行案例研究,以嘉定区实行大联勤机制的成效和现状为事实依据,立足相关的政治学理论知识发现"大联勤"现存的制度缺陷;采用"过程—事件法",以事件的发展为脉络,主要分析市民这一大主体参与城市治理的不足和问题。结合上述两方面的问题和改革道路固有的局限,笔者就这三方面提出建立权威指挥平台、改善相关制度、健全考核监督机制和信息联络系统以及发挥自主创新能力等意见,为政府全面推进大联勤机制提供些许思路。

【关键词】 城市治理 大联勤 多元共治

一、研究背景

中央在"十二五"规划中提出"要更加注重以人为本,要更加注重全面协调可持续发展,要更加注重统筹兼顾,要更加注重保障和改善民生,要更加促进社会公平正义"[①],这使得实现便民利民成

---

[*] 张宇,华东政法大学政治学理论硕士研究生。
① 李克强:《深刻理解〈建议〉主题主线 促进经济社会全面协调可持续发展》,见《中共中央关于制定国民经济和社会发展第十二个五年规划的建议》,人民出版社2010年版,第33页。

为当今社会发展的必然要求,也是政府进行城市治理工作的重要任务。

2010年上海世博会的举办给上海的社会、经济、文化等方面有重大影响,在城市管理方面,上海提出了"后世博"地方社会管理的创新,要求践行科学法治、创新社会管理理念,实现城市管理方式由"管制"向"治理"的根本性转变,为城市居民提供更好的生活环境,提高民众的满意度。

我国上海、北京、广州等特大城市是城市群的"领头羊",在经济发展和城市综合管理方面有重要的引领作用。2014年3月5日,上海市委书记韩正同志在参加十二届全国人大二次会议上海代表团审议时说:"探索符合中国国情的特大型城市治理新路子,上海有责任、有基础。"① 城市综合治理上的"大联动、大联勤"创新机制就是上海探索特大型城市综合管理的尝试,期望能够走出一条符合上海时代特征的特大型城市治理新路。上海市嘉定区首次尝试改革创新传统的城市治理模式,在传统的管理机制上建立了部门联勤联动机制,从制度设计上深度整合了条块资源,形成社会治理的合力。本文主要以上海市嘉定区为例,阐述联勤机制的产生发展及在城市治理中的运用,研究探讨联勤联动机制在城市治理中发挥的作用,并结合所学的相关理论知识提出自己的看法和意见。

上海是一个以制度创新为突破口,引领新需求、应用新技术、培育新产业、拓展新模式、发展新业态的社会主义现代化的国际大都市。② 上海城市治理的基本矛盾是先进的城市物质经济与相对滞后的城市管理方法之间的矛盾。虽然城市基础建设和商业发展等物质形态已经实现城市化和现代化,但是上海的城市治理能力、城市文

---

① 陈海松:《探索城市治理新路径》,载《质量与标准化》,2014年第10期。
② 凌敏、张力:《中国特大城市治理研究》,经济科学出版社2014年版。

化品质等精神形态还没有实现城市化和现代化。政府对城市的管理不能适应特大城市的经济社会发展对提升公共服务质量和公众满意度的需求,不能兼顾城市秩序和城市活力,更不能最大化地利用资源去解决城市发展的难题和社会矛盾。解决这一矛盾的基本方法是创新城市管理方式,加强上海城市综合管理,实现城市管理和社会管理的有效联动,增加政府、社会和市民的良性互动,实现从城市管理到城市治理的飞跃。上海城市综合管理大联动、大联勤机制,简称"大联勤"就是在传统城市管理体制失效情况下的制度创新,在原有行政管理组织体制下以信息化平台建设为支撑的综合治理手段。

"大联勤"是行政执法与综合治理相支撑的一种城市社区综合治理机制,这个新的机制打破了基层城镇街道条块分割的传统管理模式,整合城市的资源,建立一体化的保障。具体措施有:将城市管理、治安管理、巡逻队伍等进行整合,混编组成全新的地区联勤大队,受联勤指挥中心统一调度;工商所、市容保洁和城市绿化等政府相关职能部门和社会化服务企业成立联勤应急分队,根据需要及时配合巡逻队伍工作;各个联勤队伍全面覆盖城市,有效预防遏制一系列违法违规行为。

2009年以来,上海市嘉定区和闵行区率先探索"条块结合,以块为主"的城市综合管理大联动大联勤机制。嘉定区自2010年1月在城市治理中实行大联勤机制以来,曾被列为治安重灾区的嘉定真新街道社会秩序明显好转,有关城市管理的投诉也大为减少,110报警类电话量比去年同期减少9%,"两抢"案件发生数下降67%,街面盗窃"三车"案件发生数下降12%。①

---

① 《上海嘉定区采用大联勤管理 欲造智能社区》,http://chanye.focus.cn/news/2012-02-02/1748361.html(访问时间2014年2月2日)。

目前,嘉定、闵行、奉贤、崇明、长宁、杨浦、静安、浦东、松江、徐汇等十个区县正在实施城市综合管理大联动、大联勤。可见,大联勤制度在城市治理中有一定的积极作用,值得我国在城市综合管理上大力推广,创新传统的社会管理体制。本文研究目的在于根据真实实例,验证大联勤制度的作用,分析这个创新机制的利与弊,并提出改善意见,促进各城市的科学治理。

二、文献回顾

(一) 国外学者研究城市治理综述

18、19世纪随着资本主义的萌芽与发展,公民参与表现为自由主义者倡导的民主理论,还有"公共领域"理论,该理论由哈贝马斯提出。"公民参与"在新公共管理理论中也有所体现。新公共管理学派的观点是,政府部门可以通过公民参与所反映的问题,使其更了解公民的想法和他们所关心的问题,这样可以有效地化解两者之间的矛盾,增加政府决策的合理性与合法性,有效提升政府的行政执行能力。约翰·克莱顿·托马斯提出了公民参与的有效决策模型,认为"界定公民参与的适宜度主要取决于,最终决策中政策质量要求和政策可接受性要求之间的相互限制"[①]。

"治理"强调公共事务需要兼顾民众参与,在政府和民众的互动中调整,充分发挥治理的功能。在城市规划领域,我们可以发现国外的治理中早已有公民的参与。1947年,英国政府制定的"城市规划法"中有明确规定:公民拥有这样的权力,即对城市治理可以有自己的观点和建议,公民对于城市治理中不如意的方面有上诉权。斯凯夫顿报告指出:"公民参与城市治理的标志性事情是制定了与传

[①] 赵指:《我国城市治理中公民参与问题研究》,河南大学硕士学位论文,2005年。

统公民参与存在差异的方法、途径与形式，这也被认为是城市规划中公民参与的风向标。与之一同展开的还有对公民参与理论的探索。"① 对于城市管理模式变革中从"治理"角度研究的文献有：《世界城市政府：大城市的未来》、《破裂的大城市》、《大城市管治：美加大城市政府透视》、《大城市政府》等。1996 年，Guy Peters 将未来的政府治理分为市场市政府、参与式政府、弹性化政府和解制型政府。其中的参与式政府强调分权制度化，主张让民众参与决策过程。Peters 认为政府治理的服务对象——纳税人是政府服务最好的评估者，他们参与决策的政府治理才是好的治理②。Stoker 认为治理强调了权力的行使不再是政府相关部门或个人的行为，而是透过多元互动和竞争合作性的集体行动将参与者，即政府和民众共同建构一个自治网络。③

城市治理是治理的一个具体领域，也是一项重要内容。20 世纪 60 年代，鲍尔·戴维多提出"辩护性规划理论"，明确城市治理的含义是不同利益的群体共同协商讨论，制定政策，从而在市场经济下实现多元化的利益分配。而谢莉·安斯汀由实践的角度提出公民参与阶梯理论，该理论将公民参与分为三个阶段，八个阶梯，对研究公民参与有指引性的意义。安斯认为："公民参与是一种公民权力的运用，是一种权力的再分配，是目前在政治、经济等活动中，无法掌握权力的民众，其意见在未来能有计划地被列入考虑。"因此，公民参与是政府还权于民的一个过程，是公民影响公共政策制定的

---

① 陈志诚、曹荣林：《国外城市规划公众参与及借鉴》，载《城市问题》，2003 年第 5 期。

② Guy Peters, B., *The Future of Governing: Four Emerging Models*, Kansas: The University of Kansas, 1996.

③ Stoker. G., "Governance as Theory: Five Propositions", *International Social Sience Journal*, 50(1), 1998, pp. 17 - 29.

一种重要渠道，通过政府和公民互动性的交流协商，可以提升公共政策的科学性。1999年，澳大利亚学者傅约翰定义城市治理是，"城市和城市区域决策者得以制订和落实所牵动的社会过程"[①]。Oakson 提出城市治理的几个特质：1. 高度的公民参与；2. 敌对政治性转变为有共识的政治性；3. 强烈的代表性；4. 培养公共企业家精神；5. 营造社群差异化；6. 强调自我治理。[②]

西方的城市治理主要是实现公共事务管理的多元化，大多实行多中心治理模式，强调城市利益相关者对城市发展的广泛参与，更有效地实现不同参与者的公共利益。对于多中心治理的具体实践，国外学者有很多相关研究。埃莉诺总结了公共资源治理的八个原则：1. 清晰界定边界；2. 占用规则要和当地条件相适应；3. 遵照集体安排；4. 监督者是对占用者负责的人或是占用者本人；5. 分级制裁；6. 冲突解决机制；7. 对组织权的最低限度的认可；8. 分权制企业。[③]

公民参与城市治理的目的在于通过互动协商过程，利益得到充分的表达，以此来影响政府的治理行为。城市治理中公民参与的结果是，公民的利益得到详尽的表述，最终影响了政府的城市治理行为。国外主要有三个方面的研究倾向：第一，关于城市治理的社会基础与环境条件，这方面的公民参与是从政治哲学、公共管理理论等思想来解释；第二，政府关于制度构建与组织重组的探索，是基于公共行政学和新制度主义；第三，关于公民参与策略与手段的研究。

---

① 傅约翰（John Friedman）：《东亚及东南亚城市治理体系》，杨友仁译，载《城市与设计学报》，1999 年第 7 期。

② Oakerson, R. J. (2004), "The study of Metropolitan Governance", In R. C. Feiock (eds.), *Metropolitan Governance*: *Conflict*, *Competition*, *and Cooperation* (17 – 45), Washington D. C.: Geogetown University Press.

③ [美] E. 奥斯特罗姆：《公共事务的治理之道》，余逊达、陈旭东译，上海三联书店 2000 年版，第 144 页。

(二) 国内学者研究城市治理综述

传统的管理制度是政府通过自有的强制力单方面管理社会公共事务，和权力对应地独自承担决策成功或失败的责任。然而随着社会的发展，这种自上而下的统治和传统层级结构的官僚体制显然不能和我国的城市化及人民日益增长的民主需求相适应。

我国关于城市治理的研究还处于起步阶段，台湾最先开始实践由政府管理向治理的转变。2001年，李台京指出治理需要民众分担政府的管理责任，建构一个自主性的自治网络。① 台湾开始在政府管理中引进市场激励机制和私部门管理手段，政府逐渐由决策者转向引导者的角色，政府强调与民众、私部门的平等合作，并且开始重视多方的协调沟通，民众在政府治理下有机会参与公共事务②。城市治理强调通过公民参与决策形成具有共识的代表性意见，减少政策实施的阻碍，同时培育企业的公共精神，建立具有相应性和良性竞争的治理体制③。

我国的城市治理研究虽起步较晚，但有良好的发展势头。对于城市治理的概念，虽然基本内容是一致的，但国内外学者有着不同的解释。丁健定义城市治理为：第三方机构越过了政府与市场，也就是各种营利机构、非营利机构与市民一起进行的对城市事务的管理④。还有学者认为，城市治理是包括公共机构、私人机构和市民的

---

① 李台京：《公共行政与民众社会》，载《政策研究学报》，2001年第3期，第107—139页。

② 复旦大学发展与政策研究中心编：《城市治理与中国发展》，上海人民出版社2009版，第5页。

③ 黄建铭：《新竹市都市景观改造策略之探讨——都市治理观点之检视》，载《都市及区域治理：台湾经验学术研讨会》，东海大学都市暨区域发展研究中心主办，2005年。

④ 丁健：《论城市治理——兼论构建上海城市治理新体系》，载《上海市经济管理干部学院学报》，2004年第6期。

各种治理主体,为维护公共利益,提高公共决策质量,解决公共问题而共同管理的过程。踪家峰对城市治理的概念概括得较为详尽,他认为城市治理包括城市治理的政府说、超越政府说、结构说和公共管理说。其次关于城市治理的模式有企业家城市治理模式、公私共同治理模式、改革政府模式、国际化城市治理模式、城市经营模式、顾客导向型城市治理模式六种①。城市治理框架或体系也是城市治理课题研究中的重要内容,建立运转有效的治理框架是进行城市治理的首要条件,这样有助于提高城市的管理效能,维护城市的正常运行。我国大多数学者将城市治理框架分为内、外部治理体系。王佃利教授对城市治理的探索是从治理的主体开始的,城市治理框架应囊括以下方面:多层次治理与城市政府自主空间、跨域治理与城市空间改造、治理能力与城市政府功能重组、伙伴关系与多元利益主体。②

(三) 城市治理中的"大联勤"

面对全球各个国家复杂的治理环境,并没有一个"放诸四海皆准"的城市治理模式,当地政府应当考虑当地城市的各个变量和有效资源,因地制宜地发展各自的治理模式③。作为世界上最大的发展中国家,我国还处于社会主义初级阶段的复杂情形,难以做到及时收集并回应公民的政治参与意见。结合我国高度内卷化和城市发展差距大等特点,我国开创性地将军队中的大联勤机制运用到城市治理中,先行在特大城市实践,整合城市内有效资源,降低治理成本;

---

① 踪家峰:《城市与区域治理》,经济科学出版社2008年版。
② 王佃利:《城市管理转型与城市治理分析框架》,载《中国行政管理》,2006年第7期。
③ 徐吉志、周惠萍:《都市治理之基本意涵与发展》,载《都市及区域治理:台湾经验学术研讨会》,东海大学都市暨区域发展研究中心主办,2005年。

同时联合社会公众和企业实现多元共治，效仿西方的多中心治理模式。在不断实践中，完善对大联勤机制的了解和建设。

三、研究思路和方法

本文的研究思路主要是立足于上海市嘉定区近年来实行的大联勤制度这一实证案例，通过这一新的城市治理机制运行以来取得的成效和群众的反映，分析研究大联勤制度在城市治理中运用的利与弊。本文首先介绍阐述大联勤制度的缘起，从历史规律中发现其内在的科学性；然后根据大联勤制度在嘉定区的实施现状，分析归纳大联勤制度不同于传统社会管理模式的特点，并结合现实数据分析其制度上的优越性；再由这些特性结合笔者所学的相关理论知识，发现大联勤制度现存的问题；最后针对发现的问题提出自己的看法和改进意见。

本文的研究方法主要是实证分析法和文献资料法。通过对上海市进行大联勤制度试点的嘉定区内实施的一系列举措研究城市治理中的大联勤制度，分析大联勤制度的本质优越性并发现问题提出将相应建议，为上海市等特大城市的治理提供一些思路想法。由于笔者受客观条件限制，主要通过阅读文献、期刊和网络报刊等获取相关数据和资料。针对嘉定区内发生的一些案例，笔者采用孙立平提倡的"过程—事件法"[①]——即以政府、群众和企业这三大主体而非制度作为本位，通过他们在其中的立场和地位来解析他们的行为及应当发挥的作用，并从中分析大联勤制度在我国城市中实行的助力和阻碍，以期更好地实现政府、公民和企业的多元共治局面。

[①] 淡卫军：《"过程—事件分析"之缘起、现状以及前景》，载《社会科学论坛》，2008年第6期。

四、城市治理变革与大联勤制度的缘起

（一）大联勤制度的产生

"联勤"这一概念起源于美国，是军部对应后勤自成体系、自我保障的"分勤"形成的一个概念，是海、陆、空各军种联合勤务的简称。换句话说，就是将各军种间的部分或全部的后勤保障联合起来依照一定的标准和制度受统一的领导和调度，从而达到节约保障军队资源和提高保障效力的目的。

1952年，长期领导我军后勤工作的周恩来总理为适应军队需求和社会发展的趋势，于1949年划分出海、陆、空三大军种后，明确提出了"探索统供联勤之路，实行三军联勤体制"的战略构想。① 而此后直至20世纪80年代的30多年，我军在初步的联勤机制指导下3次建立了联勤改革试点，都没有得到预期的成效。

1988年，信息化发展渗入战争中，全球各国开始兴起新军事变革，后勤体制的改革也在所难免。根据江泽民的指示我国建立了统专结合的联勤保障机制，第4次的试点获得了成功。此后数次联勤保障的成功实践为我党提供了改革思路和勇气，江泽民果断决策，在2000年正式建立三军一体化保障的联勤机制。经过后续不断改革，逐步实现了我军三军一体、集约化后勤保障的目标。按照江泽民的战略思想，我军后勤变革的主要目标是后勤保障一体化、社会化、信息化。这种实现全军一体化保障的联勤机制有一个形象的说法——"大联勤"。②

---

① 黄本海、唐向东：《三军联勤——走精兵之路》，载《瞭望》，2001年第6期。
② 温光春：《坚定不移推进"大联勤"改革》，载《后勤学术》，2004年第6期。

(二) 城市治理问题推动大联勤制度发展

目前，我国城市化进程不断深化，外来人口不断涌入上海等发达城市并集聚，对这个不断壮大的群体进行服务和管理成为城市化进程带来的首要问题。同时随着社会经济发展，人们的精神需求也不断增长，不再满足于被动地接受政府管理，先进的城市物质经济与相对滞后的城市管理方法之间的矛盾逐渐成为了以上海为首的特大城市内的基本矛盾。针对国情的新变化、社会的新态势提出的重大命题，中央提出了一系列针对创新社会管理和服务的要求与部署。探索出一条能将服务与管理相结合，更能有效保障特大城市各个角落社会秩序，实现政府单一管理向以服务为主的多元化城市治理这一根本性转变的城市治理新模式是近年来城市建设的主要内容。

城市治理的客观现状迫切要求一种新的管理模式，能够与特大型城市内不同群体的需求相适应。特大城市中外来人口和本地居民集聚在城市各处需要政府管理服务的状况，和我军海、陆、空三大军种需要后勤提供保障的情形类似。那么在军队中取得不小成就的大联勤制度是否也能在城市治理中发挥作用呢？于是，大联勤制度在城市治理中的运用应运而生。和政府逐步探索新的城市治理模式相比，将军队中日趋成熟的大联勤制度灵活运用到城市治理中显然有优势。

2010 年初，上海嘉定区首次尝试在街道实行大联勤制度。在已有的制度基础上，坚持大联勤制度的普遍规律：(1) 有一个统一的组织指挥机构，联勤指挥中心；(2) 从实际情况出发，各部分宜统则统，不宜统则分；(3) 整合现有资源，为三军（在城市治理中则是为辖区内的所有百姓）提供一体化的保障。再结合城市治理试点的具体情况探索构建了条线资源与块上力量相整合、行政执法与综合管理相支撑的城市社区综合管理大联勤模式，成效斐然。实行大联勤机制以来，当初的治安重灾区，嘉定真新街道上的社会秩序明显好转，市民对城市管理的投诉也大大减少，110报警类电话量比去年同期减少9%，"两抢"案件发生数下降67%，街面盗窃案件发生数也下降了12%。

（三）嘉定区的大联勤机制

1. 大联勤制度初显成效

真新街道处于嘉定、普陀和长宁三区交界的城郊结合部，那里流动人口多、弱势群体多、管理矛盾多；同时真新街道又是上海早期城市建设动迁中形成的一个大型人口导入区，作为一个速成型社区，它的社会管理制度具有起点较低、规划滞后、开发无序、配套匮乏等特点。在短期建立的不成熟城市管理机制不能有效治理成员复杂的城郊结合部的矛盾冲突下，真新街道急需引入新的城市治理模式，最大限度地整合资源，最终达到有效治理城市的目标。于是，上海将嘉定区定为大联勤制度在城市治理中运用的第一个试点。2010年1月，在嘉定区委、区政府的指导下成立了街道城市综合管理委员会，将条线部门的资源在"块"上进行实体化整合。

实体化的联勤指挥中心，城市综合管理委员会联合、统筹、调度嘉定区内政府资源及社会各界力量。在维持城市治安方面，公安、城管、社区保安等相关部门的力量重新混编，联合执法，成立了"城市综合管理联勤大队"，指挥中心就设在街道派出所；同时，为适应联勤大队可能遇到的各类问题，成立了相应的"联勤应急分队"，由工商、食药监、市容保洁等职能部门和社会服务企业的人员构成，保证能够在需要的时候及时参与联勤大队的巡逻处置。实行联勤机制的第一年，真新街道"两抢一盗"案件的发生数就有了显著减少，居民普遍称赞"生活安定有序"①。

---

① 刘颖：《大联勤触角广覆盖　服务更亲民》，载《解放日报》，2011年3月22日。

2. 由单方管理转向服务于民

嘉定区的大联勤机制在取得成果后不断改进，2011年，联勤网络从街面深入到学校、社区，实现了更广的覆盖，并开始在管理中重视体现服务意识，增加了很多服务民众的日常工作内容。在每天上学和放学前后一小时内，大联勤队伍会到各中小学校的门口执勤，为学生的安全提供保障。这支由公安、城管和社区保安等工作人员构成的大联勤队伍的主要任务是清理学校周围的乱设摊，避免学生购买路边不卫生的零食，同时也起到一定的警卫作用。像这样的真正服务民众的执勤工作深受市民支持，市民都表示对于身边有这样的联勤队伍，生活更加放心。

3. 构建数字化平台

为实现高效的全覆盖、全方位、全天候的城市综合管理，嘉定区给辖区内的各个社区加装LED城市综合管理信息发布终端，运用广角智能监控，并连接公安、工商等各类城市执法力量的信息发布系统。整合各个社区的多媒体终端和信息系统，打造出一个信息发布的统一平台。实现社区智能化、通讯灵活化、证据数字化和监督实时化。社区内的各个多媒体终端将及时发布与市民生活息息相关的信息，大到国家的政策、法规，小到提供菜价、道路情况等信息；系统指挥中心实时监控视频，对社区内潜在的犯罪分子起到有效的警示震慑作用；对社区内部智能引导，提醒市民参加小区活动等。

大联勤信息化数字平台改变了传统的社区服务模式，全面地为社区居民提供信息资讯等服务。不仅大大减轻了相关工作人员的工作强度，还改善了市民的日常生活，为居民的日常生活提供了服务，更构建了一种政府与市民间的联络渠道。嘉定区政协主席吴辰认为，大联勤工作值得广泛推广，"城市管理由被动出击变为主动发现，由各自为政变为团结协作，有效整合基层执法力量，提高了政府管理效率，让市民得到了实实在在的实惠。"

五、当前城市治理中大联勤制度的特点

"大联勤"的实质是要实现一体化的保障,这也是"大联勤"保障的根本体制特征。与以政府为唯一主导者的传统社会管理模式相比,"大联勤"保障主体和民众间已经从原有的主被动关系转变为服务与被服务的关系,城市管理也逐步向管理、服务和执法相统一的城市治理转变。

(一) 一体化保障

1. 城市综合管理委员会

大联勤机制的一大特点就是统一领导。嘉定区建立的"城市综合管理委员会"正是实现统一领导的一个实体化的指挥协调中心。任何集体行动都需要有统一明确的指挥,没有领导的组织只是乌合之众,一个以集体为单位行动的高密度群体。虽然有共同的目的,但因为群众的盲目性这个群体行动的智慧会低于群体中每个个体的最低水平。① 最初很多城市的城管队伍正是这样趋向非理性、暴力地采取行动去管理城市,反而破坏了社会稳定性。

嘉定区在大联勤制度指导下混编成立的联勤大队也需要一个确定的领导。在综合管理委员会的指挥下,联勤大队各处执勤;同时在综合管理委员会的统一调度下,应急联勤队伍能够适时根据需要提供帮助;在委员会的指挥领导下,联勤工作才能有条不紊地进行,切实地维护社会治安,为人民服务。

2. 资源共享

为实现嘉定区的城市治理一体化保障,政府相关部门整合政府

---

① [法] 古斯塔夫·勒庞:《乌合之众:大众心理研究》,冯克利译,广西师范大学出版社2007年版,第59页。

和社会资源，努力将联勤队伍覆盖整个城区，实现嘉定区的资源共享。

江桥镇党委政府推出的是"联体指挥、联队管控、联动处置、联手监督"的新型城市综合管理大联勤模式。联合公安民警、社区保安、城管协管等102人建立镇级联勤队伍；充分整合各村、各社区的执勤人员，分别在各地成立了联勤领导小组，下设联勤工作站、联勤中队和督察考核队；另外，还整合了3000多名志愿者作为村社区联勤的补充力量。为了更好地利用和共享现有资源，政府还对现有的物业保安、楼组长和志愿者等巡防工作队伍以及社区内居委社工、各类派驻协管员等社区人力资源进行优化组合，实行"一网式"综合管理联勤工作机制。[①]

在大联勤制度下，嘉定区将政府部门有限的执法力量和社会力量结合，通过科学合理的整合优化实现无限的执法功效。

目前，上海市依托城市网格化系统，整合现有的巡防警务系统、城市网格化管理系统、市政服务系统等城市管理数字化资源，对接"12345"热线、"12319"热线等市级系统，建立区城市综合管理和应急联动平台。同时整合了市容环境管理、治安巡逻和城市管理中的协管力量，实现了网格化管理全覆盖。

3. 信息共享

在人力资源的有效保障下，"大联勤"巡逻队伍覆盖城市各个角落，在城市综合管理委员会这一中心枢纽的指挥调度下能够相互通报，实现信息的共享，做到及时联动，群防群控群治。

2011年3月17日下午，一位社区管理队员发现丰庄西路433弄一户住在4楼的居民擅自在北窗台外违法搭建阳台，对楼下居民及行人造成安全隐患。他立即用"城管通"手机拍摄现场照片，发回

---

① 史博臻：《"大联勤"带来"大变样"》，载《文汇报》，2012年4月4日。

指挥中心。随即,指挥中心派出由城管、公安、居委会、物业公司及拆违队组成的"联勤队",对违法搭建实施强制拆除,围观居民纷纷叫好。①

笔者认为上海创新实行的城市综合管理大联勤大联动机制能够较好地解决城市管理功能碎片化和服务裂解性的问题,正是因为这个"大联勤"机制为政府对城市的综合治理建立了一体化的保障。

(二) 前端管理,服务民生

自2010年起,嘉定区不断优化大联勤制度,始终立足于民生服务与社会前端管理,坚持"以人为本",努力将民生诉求解决在基层,在前端化解城市矛盾隐患,逐步实现从"就事论事"向"系统解决"的转变。

"大联勤"拓宽了社会管理事项受理范围,将市民关心和反映强烈的社会问题也纳入了联勤工作范畴。联勤执法车辆在路面流动巡查,联勤队员在网格巡查值守,联勤指挥中心全天值班、指挥调度,社区工作人员及时参与……目前,真新街道已经初步形成了全天候、全覆盖的"大联勤"格局。并且联勤工作也包罗万象,包含公共治安、交通管制、市容市貌、食品安全等政府职能,还涉及物业管理、车辆停放、社区保洁、小区绿化等社会工作。形成一张大网,有效覆盖真新街道各个角落,触及市民生活的方方面面。

相信在不久的将来,嘉定区甚至整个上海市能够真正实现管理、服务和执法的有机统一,打造服务型政府。

(三) 智能高效

嘉定区在优化"大联勤"工作队伍的同时,还顺应当前的信

---

① 刘颖:《大联勤触角广覆盖 服务更亲民》,载《解放日报》,2011年3月22日。

息化、数字化发展潮流,为"大联勤"制度的实施打造了一个数字化的信息系统,实现社区智能化、通讯灵活化、证据数字化和监督实时化。社区内的各个多媒体终端将及时发布与市民生活息息相关的信息,大到国家的政策、法规,小到提供菜价、道路情况等信息;系统指挥中心实时监控视频,对社区内潜在的犯罪分子起到有效的警示震慑作用;对社区内部智能引导,提醒市民参加小区活动等。

"大联勤"信息化数字平台改变了传统的社区服务模式,利用网络将百姓、社区和政府联系起来,智能终端能主动发现社会问题,并及时将信息传送给指挥中心,高效地解决问题。不仅大大减轻了相关工作人员的工作强度,还改善了市民的日常生活,为居民的日常生活提供了服务,更构建了一种政府与市民间的联络渠道。

六、城市治理中大联勤制度的问题

"一切文明发展的动力都不是真理,而是谬误。"[①] 尽管大联勤制度在上海市嘉定区实行的几年来取得不小的成效,而且大联勤制度在军方作战领域的多次实践中业已成熟。在城市治理中,大联勤制度只是刚投入实践的新兴社会管理机制,各个方面都不成熟,还有很多问题和制度需要解决、完善。为了更好地服务社会大众,笔者主要从制度和服务主体两大方面发现当下表现的不足和问题,为改善大联勤机制提供具体方向。同时,作为从军队方面移植的一个新的城市治理机制,在改革道路上不可避免也存在一些局限,笔者从历史和理论出发,分析潜在的创新机制会遇到的困境。

---

① [法] 古斯塔夫·勒庞:《乌合之众:大众心理研究》,冯克利译,广西师范大学出版社2007年版,第156页。

(一) 缺乏完善的制度保障

1. 机构缺陷

在城市治理中，制度建设也无非是集权或分权制这两种主要制度，每种制度的行使，都有各自的优势和缺陷（见下表）。

	集权行政体制		分权行政体制	
	官僚制	极权	多中心	分散
治理方式	制度化、层级指挥	人格化、统一指挥	制度化、协商、良性竞争	无规则、过度竞争
自主性	部分	无	以自治为基础	完全自主
适用范围	事务单一、范围广	特别时期	事务多样、范围可大可小	公地悲剧
效率	有效	多无效	有效	无效

显然，集权制的官僚机制可以有效降低政府的治理成本，但容易滋生腐败和失败决策。我国在城市治理中借鉴西方的多中心治理模式，结合具体国情，实行大联勤机制。"大联勤"在制定决策的过程中，就是在自治的基础上通过制度化、各个利益相关方的协商和良性竞争实现所有参与者的公共利益。

而我国的政府部门习惯了垂直管理，负责本职能部门的事务，各自为政，不习惯立体管理和多边协作。我国广泛存在这样思想分散、体制分割的传统弊端，这是城市社会管理实行大联勤机制这种各部门联动合作机制的一大障碍。

作为指挥中心的区级综合管理委员会和街镇联勤中心缺乏明确的法律地位。"大联勤"队伍大多是个临时组织，机构定位不明，没有固定的人员编制，这大大地制约了"大联勤"的稳定发展。例如，嘉定区的综合管理委员会虽然是个事业编制单位，但指挥协调的对象是政府各职能部门，在指挥协调和督查督办等管理工作中，可能会遇到地位尴尬、管理权威不足、联动协调难等实际困难,一定程度上影响了社会民生问题的处置效率,而街道、社区这些最基层的联勤队伍更是没有人员编制,人员流动性大,队伍不稳定。嘉定区相关机构的不稳定和不权威没有给"大联勤"的多元共治提供保障。目前,"大联勤"的网格化管理虽实现了由条线管理为主向街镇管理为主,由条块分割向部门联动的转变,但在实际工作中还是受到具体条件制约,没有彻底解决"条"上有权管的看不见、"块"上看得见的无权管的体制弊端。

2. 职能部门功能弱化

"大联勤"的成功实施需要两大条件:(1)有独立的决策机构来处理和解决政府部门间的冲突;(2)在政府单位间能够平等互利地发展合作,共同行动。① 嘉定区设有综合管理委员会这一独立的机构安排协调各部门的工作,然而因为客观条件限制和历史因素,不同政府部门的规模和可利用的资源不同,另外不同部门立场不同,这就决定了各部门间难以平等合作。政府部门间存在的分歧和差异影响它们的共同行动。在一个集体中,不同的行动参与者对同一事件会有不同的态度,在分歧出现时,对领导者有异议的人会观察周围是否有支持者再决定是否发言,在表达不同意见后如果多次没有得到他人的支持共鸣,最终会趋于沉默②。由不同部门共同参与的"大联勤"也遵循这样的规律,处于弱势地位的职能部门最终会趋于沉默,群体发出的声音会越来越少。最终形成各职能部门单方接受联勤指挥中心领导的被动局面,在决策过程中缺乏主动的各职能部门功能会逐渐弱化。

---

① 孙荣、徐红、邹珊珊:《城市治理:中国的理解与实践》,复旦大学出版社2007年版,第21页。

② 参见[德]伊丽莎白·诺尔-诺依曼:《沉默的螺旋:舆论——我们的社会皮肤》,董璐译,北京大学出版社2013年版。

而且当前，对于一些法律规定不明确的事情，往往依靠大联动、大联勤，通过相关职能部门协商确定由谁来执法，如果商定不成，则由领导指定某机关执法。这种联动如果处理不当，可能违背职权法定的原则，偏离了依法行政的要求。

(二) 公众参与问题

从嘉定区的成功案例中，我们固然看到大联勤制度取得的斐然成绩，但在每一个案例中，我们几乎看不到市民的诉求和意见。大到街道治安管理，小到社区环境优化，大部分都是政府组织的联勤队伍在巡逻时看到、遇到或想到的，很少有城市居民主动提出自己关于城市治理的诉求或意见。然而，要切实做好城市治理，就要"以人为本"，常常倾听百姓的呼声，多多采纳群众的意见。对于这一现象，笔者认为主要有三方面因素影响公众的参与。

1. 公众参与意识不高

我国目前的城市正处于城市管理向城市治理的转变阶段，城市居民此前长期处在单一权威政府管理下。虽然嘉定区实行的城市治理新模式给予了有限但相对自主的建议权，在社会事务的处理中，市民的态度还是比较冷淡，这主要受传统观念和习惯影响。(1) 对制度的不信任，公民参与政治决策的途径大致分为制度化和非制度化两种，历来公民都是依靠人情关系、行贿等达到自己的目的，公民对制度的不信任直接影响了公民通过"大联勤"参与城市治理的积极性；(2) 清官思想，长期以来老百姓都依赖所谓清官来为自己做主，现如今群众也多是关注政府反腐工作，寄托于清廉的政府自然会为老百姓办实事；(3) 内卷化，中国人的人生是向内用力的，[1] 每个人以自己为中心建构交际圈，只在圈子内用心经营来获得情感、

---

[1] 梁漱溟：《中国文化要义》，上海世纪出版集团2005年版，第171—174页。

物质等利益，而不去关注圈外的事情，如参与治理自己所居住的城市。

2. 公众处于被动地位

托克维尔说，"人只有在相互作用下，才会使自己的情感以及思想焕然一新，才会使自己的才智更好地发挥出来……在规定人类社会的一切法则中，有一条法则是：如果人类打算文明下去或是走向文明，那就需要实现人人平等才能逐渐发展和完善起来。"① 为真正实现城市治理新模式的多元共治局面，需要各利益相关者有平等的地位，才能实现真正的互动。

嘉定区的"联勤队伍"工作虽逐渐由管理向服务职能转变，新增了护送学生上下学、照顾孤寡老人等服务性职能。但现阶段城市综合管理实质上还是更倾向于保障安全与秩序，强调对人和事件的控制，更侧重于"治安"和"维稳"。在规范公共服务流程、提高服务质量、形成长效机制方面缺乏改进的动力。在政府决策过程中，也并没有给予市民自主的权力，不平等的互动没有发挥群众的才智，不利于制度的完善。

3. 缺乏参与程序

长期的实践证明，一个社会阶层的政治参与程度以及对国家政策制定执行的影响力基本取决于这个阶层的利益表达的效度，而利益表达的效度又往往需要有效的利益表达渠道。② 嘉定区等地的确有很多市民表达意见的渠道，如门户网站、意见箱、"12345"市民热线等。但就实际情况来看这些渠道和途径可行却不普遍，信息传递的效率也不高，市民在得不到反馈后放弃使用这些渠道，而相关机构得到的信息量减少也使相关工作人员忽视怠慢，从而影响到政府

---

① ［法］托克维尔：《论美国的民主》，张杨译，湖南文艺出版社2011年版，第390页。
② 白臻：《中国农民政治参与的制度建设研究》，中国海洋大学研究生毕业论文，2012年。

的处置速度,使居民参与城市治理的工作机制落入恶性循环,逐渐趋向无效。而"大联勤"自实行起的4年多里,政府并没有重视、整合并优化这些原有的参与渠道,城市治理模式下的参与程序形同虚设。

(三) 改革的路径制约

当前,随着上海市嘉定区大联勤改革的不断推进,上海市的城市治理体制改革已进入了一个新的阶段。然而,这种治理机制的革新是在当前上海市特定的政治、经济和文化条件下实施的,同时还是在传统的政府管理制度下展开的,固有体制下的人力资本、资源和工作经验等都会对大联勤机制的应用产生影响,使得改革产生自我强化的倾向,形成路径依赖。① 因此,路径依赖也是深化大联勤机制在城市治理中的运用所面临的一大问题。

1. 传统观念和惯性思维的制约

路径依赖形成的首要原因就是传统观念和惯性思维的隐性制约。人们在长期实践中无意识形成的传统观念和惯性思维具有持久的生命力和潜移默化的影响。同时,由于深植人们心中的传统观念和历史的积淀,这些潜在思想不只是对城市治理机制的改革有潜移默化的影响力,而且其自身的调整也是相当缓慢甚至是滞后的。这种滞后给大联勤制度的创新带来巨大的而且是隐形的很难摆脱的压力。如果滞后的传统观念和惯性思维不能接受、适应新的城市治理机制,新引入的大联勤制度就会被传统观念和惯性思维改变成与它们本身相适应的路径上来。我国政府自上而下的传统管理观念由于有长期的实践,居民被动、服从、保守的思维惯性已渗透到人们思想和行

---

① 在制度变迁中存在着路径依赖现象:初始的条件和措施决定新的制度建设走向一个特定的路径,而之后的路径会依赖过去的路径,逐步强化最初的正确或错误。良好的行动路径依赖就是其中一种情况——最初的改革路径引导制度日益优化。

为的方方面面，形成了一种思维定势和固有的社会氛围。这样，新的城市治理理念和方式会给人们的传统观念和惯性思维带来冲击，在人们固有的思想理念的隐性约束下，大联勤机制改革会遇到的路径依赖是显而易见的。

2. 渐进式改革的经验限制

渐进式改革历程构成的经验会对下一步改革造成影响，从而导致良性或恶性的路径依赖现象。大联勤保障体制在我国军队已经有了数十年"摸着石头过河"的改革历程，也已经形成了一条有中国特色的渐进式改革道路。我军历史上的几次联勤体制改革都采取渐进的方式：

（1）先试点后推广的渐进式改革道路。1955年至1965年，在沈阳战区的旅大地区第一次展开联勤改革试点；1970年至1974年，在广州战区的粤东地区进行通用物资统一供应的试点；1983年，在济南军区组织三军后勤体制改革试点等。我国对于每项改革措施，都是先在小范围内进行试验，观察并分析验证，如果被证明是成功的、可行的，才会予以推行。如今大联勤机制在城市治理中的探索性应用也是走这样的试点道路：2011年首次在嘉定区尝试后，再拓展到类似城区（杨浦区和闵行区）实施，逐步推广至目前嘉定、闵行、奉贤、崇明、长宁、杨浦、静安、浦东、松江、徐汇等十个区县。

（2）分步推进的改革进程。我国进行改革，一般都是内容由易到难，逐步推动制度升级并向目标制度靠拢，然后随着经验的积累，逐步实行相互协调、相互配套的整体推进。2000年在全军建立了以军区为基础的初步联勤体制是经历了长期的渐进过程的，"大联勤"在城市治理中的应用也是从联勤队伍的自助服务逐步向联勤指挥中心的建立这个目标靠拢。这种历程在军队大联勤改革中取得了一定成果，这个经验也使城市治理的"大联勤"改革对此路径深信不疑，从而对其形成依赖。目前，大联勤改革首先在嘉定区进行试点改革，并逐步推广的渐进式改革方式本身就是对军队改革的路径依赖的结果。

这种明显的路径依赖现象就目前看来是很有优势的，给我们的城市治理创新道路指引了一个明确的前进方向，但我们不能忽略其潜在的危机。前人的经验在为我们当前所用的同时，也使我们的思想受到了一定的限制，在一味的仿制下，很容易忽略不同的具体情况。显然，军队管理和城市治理是两种截然不同的领域，完全根据军队改革道路进行城市治理改革很可能不符合城市治理的一些特点和需求。

七、完善城市治理的联勤措施

我国上海市首次尝试实行"大联勤"模式的创新城市治理，要在发现问题之后及时改进，建立良性的路径依赖，才能使这种新的城市管理模式日趋完善。对于上文提出的联勤制度问题，这里也从制度和公众的参与这两大方面针对性地提出意见和设想。

（一）完善制度保障

1. 建立权威的市级综合管理平台

全面推进"大联勤"，要建立一个高位协调、覆盖城乡的组织体系，提升协调统筹机构的权威。建立权威的市级联勤指挥中心，通过三级的"大联勤"网络，真正落实条块结合、以块为主，最大限度整合市内资源的"大联勤"模式。在权威的指挥中心领导下，强化街镇在城市综合管理中的主体作用，实现管理中心的重心下移，最终实现"党委领导、统一指挥、各司其职、分级负责、属地管理为主"的工作体系。

逐步完善各级联勤中心，建立科学的行政管理机制，整合行政管理力量，建立"条条联勤执法、条块联动管理"的联动机制，加强部门合作，初步解决"条"上有权管的看不见、"块"上看得见的无权管的体制弊端。在行政体制的优化中，根据实际需要确定各个联勤队伍的编制，做到灵活机动，明确有效。

2. 完善绩效考核机制

（1）考核机制中的考核成绩以市、区级政府的考核成绩和群众的评价分数相结合。建立以"110"报警数、"两抢一盗"案件发生率和市民投诉率为主要内容的考核体系，将综合管理履职情况、公众评价（区人大代表、政协委员和社区代表）和第三方评估作为重要依据，定期开展检查评估和绩效考核，考核评估直接与区相关职能部门和各街镇的年度考核相挂钩。

（2）采取工作改进加分措施。对群众多次反映及通过整治反复出现的问题，考核机制予以适当地减分惩罚，刺激相关部门对民众负责认真工作的同时鼓励各部门进行专题研究讨论，从源头上寻找解决问题的办法，改进管理措施和手段。对提出建设性意见的部门或个人，适当额外提高绩效成绩。发挥全区工作人员的指挥，不断改进"大联勤"制度，提高城区综合管理的水平和效率。

（二）多元共治

在当今多元化的趋势下，民众在社会管理中不仅有自己具体的利益表达和诉求，而且还有公平、正义等的价值追求。要注意到不同个体的利益需求，在适应社会新情势的同时始终站在人民群众的队伍中。这就需要充分调动社会公众主动参与城市治理的积极性，真正实现政府、公众和企业等多元共治的局面，才能使城市治理的各个方面都体现出市民的广泛意志。

1. 培养制度信任

改变市民根深蒂固的思想习惯是一项长期艰巨的任务，人民群众的观念历来是在制度变迁后潜移默化转变的。① 对于市民的思想教育工作，政府应做好长期准备，在此期间"大联勤"可以通过整合协管队伍、发动志愿者、实行市民有奖举报等形式，鼓励市民积极参与城市治理，用实际行动转变人民群众的参政观念。同时应努力培养市民对城市治理新模式的制度信任。② 建立制度信任，需要做到：（1）有一个民众共同的认识和行动的规范框架，完善"大联勤"的相关制度建设；（2）令制度的信任者获得更高的满足感，充分发挥居村委自治管理、自我服务的功能，广泛动员、鼓励全社会力量积极参与社区建设和协助城市管理并给予一定嘉奖，通过提高积极参与者的满足感带动更广大的居民群众参与城市治理；（3）赋予市民对"大联勤"制度的解释权，在市民对大联勤制度的解释下，政府能够对其的态度和行为进行调整，做到和市民平等交流。③ 实现体制内与体制外的互动，形成社会多元主体共同参与的社会管理的新格局。

2. 由管理向服务根本性转变

在社会管理中，务必始终把"以人为本"放在突出位置，坚持为人民服务的宗旨。要避免把社会管理和服务简单转化成对社会的控制。尽管社会管理需要政府的控制和监管，但最终目的是为了给社会百姓提供更多更好的服务。管理是必要的，但管理是手段不是

---

① ［美］塞缪尔·P. 亨廷顿：《变革社会中的政治秩序》，王冠华等译，生活·读书·新知三联书店1989年版。

② 制度信任是在不确定状态下，人民对制度的规范作用有可以实现自己目标的心理态度和行为方式。

③ 陈承新：《跨越城市化治理藩篱》，中国社会科学出版社2014年版，第161页。

目的，服务才是根本。在工作中以社区建设为抓手，以民生服务热线为媒介，紧紧依靠群众自治组织，实行自我管理、自我服务，拓宽公众参与城市管理的路径，实现政府行政管理与居民自治管理的良性互动。

政府应当建立相关制度，培养各部门工作人员的服务精神，将自己正确定位成人民公仆这一角色。在具体的工作中也增设对城市居民的服务职能，逐步实现由单方面管制到管理和服务相结合的治理局面。在公民参与问题上，给予公民有限的但是自主的解释权：在实践中，政府应接受并采纳市民依据对"大联勤"的解释推导出的具有说服力的观点。也就是，实现制度面前人人平等，让市民相信它们能够通过制度捍卫权利，也能够在城市治理中说服政府改变不恰当的行为和决策。

3. 建立长效的信息系统

除了发挥民众和政府两大主体的力量，还需要构建以问题管理为导向，以资源共享、民心民意为基础的信息联络平台。信息平台按照区联勤指挥中心、街镇联勤指挥中心和"大联勤"队伍三级组织架构的业务流转要求顶层设计，做到每一个民生诉求解决在平台上都留有工作痕迹和时效记录。市民能够通过各种渠道向系统提交问题和意见，政府根据实际情况在信息平台建立任务，在民众监督下为每一个诉求的办理设置处置时限，确保城市治理工作的高效公开。

信息平台主要有以下几大功能：第一，汇集民意。整合各部门受理机构和人员，归口管理、整理资料，将全区各种民意渠道的信息进行汇总，统一受理。第二，调度工作。平台智能选择相关职能部门或辖区联勤指挥中心负责工作的展开，并根据现实条件和完成难度设置处置时限。第三，确认工作并办理。政府各部门和居民通过信息平台确认已形成的工作安排，在没有异议的情况下，责任部门着手解决相关诉求。在诉求的办理过程环节,平台有自动计时功能,自动记录办理部门效率。第四,监督问效。责任部门工作的完成需要诉求人的确认和评价。监察部门通过平台内记录的满意度评价,对相关部门进行监督;并定期根据系统的抽查,回访诉求人,对办理部门进行绩效考察。

(三) 创新治理

即使当前处于良好的路径依赖情况,在努力维持良性路径的同时,政府在城市综合治理机制的革新上还应当充分发挥创新作用,在"大联勤"机制的城市治理运用上掌握主动权。

1. 突破传统束缚

克服不良路径依赖的首要任务就是不断突破传统观念和惯性思维的束缚,这不只是对政府领导人的要求,也是对相关工作人员和普通民众的要求。

(1) 批判精神。对于那些实践证明已经过时的制度、习俗,要持否定精神,勇敢地进行批判。如果不敢或是不想否定那些过时的、错误的传统观念和习惯,就很难突破不良路径依赖的桎梏。

(2) 革新观念。加强自己的革新观念,要明确改革的必要性和紧迫性,明确只有不断创新才能适应社会新形势的需要。

(3) 大局意识。要有宏观的大局意识,正确地看待利益调整。要明确凡是有利于提高人民自治、维护社会和谐稳定发展的制度,都应该支持和切实履行,坚决克服小范围的利己主义、本位主义等守旧思想。

2. 加强自主创新

在根据军队改革的道路进行城市治理的同时,要强调制度的自主创新,避免局限于过去的经验中。军队中后勤保障体制改革的成功也在于制度的自主创新。如今进行的"大联勤"城市治理机制也应当是一个不断探索的过程，只有通过不断的制度创新，才能真正有效克服不良的路径依赖问题。（1）应根据改革出现的情况和变化，对运行机制、保障模式等方面进行必要的修正，去除无效制度和旧习，保留有效制度规范。（2）通过技术创新激发制度革新。技术创新和制度革新之间呈明显的正相关关系，技术创新和制度革新相互促进和制约，相关技术的创新如信息化平台等是推动制度革新的重要力量。军队中的大联勤改革主要还是通过制度的调整来拉动的，如今城市综合治理上的"大联动、大联勤"机制更需要的是能够支撑其大范围综合治理的信息化技术平台，要依靠技术的创新来为制度创新提供实现条件、基础和动力。

八、结　语

我国在城市治理中借鉴西方的多中心治理模式，结合具体国情，开创性地将军队大联勤机制引入城市治理中，既实现了多元共治的多中心效果，也整合资源有效地减少了治理成本。

本文以率先实行"大联勤"的上海嘉定区为例进行案例分析并从中了解"大联勤"制度的特点，结合理论发现目前城市治理中实行这一制度的不足：缺乏相应的制度保障和因为公众参与程度不够而未能真正实现城市多元共治局面。针对这两方面问题，本文在"五、当前城市治理中大联勤制度的特点"中提出了相应的改善意见：加紧建设相关制度；在公众参与问题上，本文主要从市民和政府这两大主体出发——加强思想教育，提高群众的城市治理观念；改进政府工作人员由管理向服务转变的意识；建立长效的信息系统，统一各类联系渠道，搭建能够高效工作的联系两者的桥梁。另外，结合路径依赖现象，提出一些机制应当自主创新的意见。

最后，笔者表示自己学历尚浅，且在条件限制下只是查阅相关文献和往期报刊，没有和相关政府工作人员与当地居民交流了解，所以研究资料不全面，研究深度也不够。需要不断提高自身学术水平和研究能力，在有充实的理论支撑下，进一步深入思考，提出富有创新的建设性意见。

治理理论视阈下推进我国高校治理现代化的途径

吴 思[*]

【摘　要】高等教育作为教育链条的顶端，高校作为培养国家人才的摇篮，其在治理方面所呈现的漏洞是我国教育当下最需解决的问题，因此必然要对高校进行有效的治理。《国家中长期教育改革和发展规划纲要（2010—2020年）》指出要完善大学治理结构，这一要求使得推进高校治理现代化势在必行。分析了当前国内高校治理存在的问题，根据实际从制度、政府、社会的层面对推进高校治理现代化提出建议及可行途径，进而推进并努力实现国家治理体系和治理能力现代化。

【关键词】高校治理　现代化　途径　国家治理

一、什么是治理？

（一）治理的含义和特征

"治理"一词历史悠久，最先是被英格兰国王用来表明至高无上的上帝授权其统治国家的含义。在《现代汉语词典》中，"治理"一词主要有两种含义：一是整治、调理；二是整修、改造。"治理"

---

[*] 吴思，华东政法大学政治学与公共管理学院硕士研究生。

与统治意义相近，都有控制、操纵之意。① "治理"的英文是 governance，它与统治 government 经常混用，主要用于与国家公共事务相关的政治与管理活动当中，但"治理"的内容比"统治"和"管理"都更加丰富。

治理是一种理念，更是一种过程，是不同个体和组织、各利益主体参与到公共事务中，相互合作、相互制衡并权力共享从而增进共同利益并达到利益最大化的过程。从学术理论的渊源来看，治理理论是从社会中心论出发，从社会的诉求来规制国家和政府的职责和作为。②

全球治理委员会对"治理"的解释与界定最有权威和代表性，其在 1995 年发布的研究报告《我们的全球伙伴关系》中指出，"治理是各种公共的或私人的个人和机构管理共同事务的诸多方式的总和，它是使相互冲突的或不同的利益得以调和并且采取联合行动的持续的过程。它既包括有权迫使人们服从的正式制度和规则，也包括各种人们同意或以为符合其利益的非正式的制度安排。"③

全球治理委员会在《我们的全球伙伴关系》这篇报告中指出了"治理"的四个特征，即："治理不是一整套规则，也不是一种活动，而是一个过程；治理过程的基础不是控制，而是协调；治理既涉及公共部门，也包括私人部门；治理不是一种正式制度，而是持续的互动。"④

---

① 魏琳：《治理理论视域下的学生参与高校管理研究》，山东师范大学硕士论文，2014 年。

② 徐湘林：《"国家治理"的理论内涵》，载《人民论坛》，2014 年第 10 期，第 31 页。

③ *Commission on Global Governance*:*Commission on Global Neibourhood*,Oxford:Oxford University Press,1995,p.38.

④ *Commission on Global Governance*:*Commission on Global Neibourhood*,Oxford:Oxford University Press,1995,p.38.

在政治学研究中,"治理"是一个在中国流行了近二十年的概念。目前关于治理概念内涵的讨论,主要集中在两层含义:一、治理有强烈的非中心与合作的内涵;① 二、治理就是问题的有效解决。

从对治理概念的分析中可以看出治理具有以下的特征:

第一,治理强调主体多元化和治理过程持续性。如前所述,根据全球治理委员会的定义,"治理是各种公共的或私人的个人和机构管理共同事务的诸多方式的总和",可以看出治理的主体不是某单一个体、单一组织,而是不同的个人和机构,由他们共同参与,管理事务。同时,治理也是一个持续的过程和持续的互动,一旦其行动发生中止,或者间断进行,都不能称之为"治理"。

第二,治理强调参与合作的重要性。治理是"使相互冲突的或不同的利益得以调和并且采取联合行动的持续的过程",在这一过程中,要维护共同利益,达到利益最大化,单独的行动和措施不可避免会发生冲突,这种冲突是无法将治理过程持续下去的,因此各利益主体必须参与到互动合作中,采取联合行动,才能达到治理的目的和效果。

第三,治理注重过程内容多样化。治理既包括"正式制度和规则",又包括"非正式的制度安排等",因此治理不是单一的某种规定,它具有人性化的一面,能够根据各主体的利益调整其内容,从而提高利益主体的满意度。

(二)国家治理的内涵

国家治理的概念是现代国家所特有的一个概念。② 相比"治理"而言,"国家治理"是一个较新的概念。从字面上来看,"国家治

---

① 俞可平:《全球治理引论》,载《马克思主义与现实》,2002 年第 1 期。
② 何增科:《理解国家治理及其现代化》,载《马克思主义与现实》,2014 年第 1 期,第 11 页。

理"是"国家"和"治理"的结合。国家治理是以国家为范围、以公共秩序为准则、以增进公共利益为目的、以国家政权的各种利益相关者为主体对社会公共事务进行合作管理的过程。国家治理概念强调了转型社会国家发挥主导作用的重要性,同时也考虑到了治理理念所强调的社会诉求,应该是一个更为均衡和客观的理论视角。[①]

"国家治理"的特征和"治理"相近,都具有主体多元化、内容多样化、参与合作等特点。首先,"国家治理"的主体既包括国家政权的所有者,又包括国家政权的管理者,还包括其他的国家政权利益相关的多元行动者,囊括了政府、社会和市场等。其次,国家政权的管理者要对国家政权的所有者负责,即政府要对人民负责,并且人民可以向政府问责国家治理的各个方面。最后,国家治理把增进公共利益作为目的,强调维护公共秩序的重要性,而能否有效增进公共利益并维护公共秩序是国家治理能力是否强大的具体体现。可见,达到这两个目的需要各治理主体共同参与,分权制衡,互动合作。

(三) 高校治理的概念

在我国,高校治理和大学治理两个概念往往通用。[②] 高校治理是在扬弃高校管理概念的基础上,吸收治理理论和公司治理理论的相关合理内容而形成的一个概念。哈佛大学教授奥利弗·哈特认为,一个组织只要存在合同不完全和代理问题就会产生治理问题。而高校作为一个契约组织,所有权和控制权是分离的,存在着出资者聘请管理者管理高校的"代理关系",也有合同量大、合同不完全的问题存在,因此高校是存在治理问题的。

[①] 徐湘林:《"国家治理"的理论内涵》,载《人民论坛》,2014年第10期,第31页。

[②] 高伟、李静静:《高校治理研究综述》,载《经济师》,2012年第2期,第100页。

关于"什么是高校治理",1973年,卡耐基高等教育委员会将大学治理定义为,"作决策的结构和过程,从而区别于行政和管理"①。自从2004年张维迎教授在《大学的逻辑》一书中指出"高校治理的基本问题在于高校治理结构的改革"②之后,大学治理就成为一项学术研究和社会关注的热点问题。张维迎教授的观点是我国第一次真正意义上提出"大学治理"。2009年,赵成提出,"公共管理学和经济学是高校治理的主要渊源,高校治理的研究主要借鉴于公司治理的研究方法和框架"③。

关于高校治理的内涵,学术界主要有以下几种基本观点:第一,高校治理就是高校的内部管理,即高校不借助外界力量,内部自我运行,自我管理高校教职工和学生。第二,高校治理包含内部治理和外部治理两方面,"内部治理主要是研究学术权力、行政权力和监督权力;外部治理研究的主要是政府和高校间的关系"④。即高校的有效治理仅靠大学内部管理是不够的,第三方的力量不容小觑,政府和市场的调节作用对高校治理同样重要。

笔者认为,结合"治理"的含义,高校治理应当是高校的利益相关者通过配置各种资源,整合各种权力,协同合作管理高校的过程,从而达到优化高校办学环境、提升高校办学水平、强化学生质量的目的。在此过程中,还应当涵盖大学章程的制定,同时完善现代大学制度。

---

① Carnegie Foundation for the Advancement of Teaching, *Governance of Higher Education: six priority problem*, New York: McGraw-Hill, 1973.
② 高伟、李静静:《高校治理研究综述》,载《经济师》,2012年第2期,第100页。
③ 赵成:《大学治理的含义及理论渊源》,载《现代教育管理》,2009年第4期,第38页。
④ 丁万星、申静、王颖:《高校治理结构的法理探析》,载《河南社会科学》,2008年第5期,第134—135页。

二、当前中国高校治理的现状分析

总体而言,我国高等教育市场是一个行政垄断下高度计划和集中的不具基本竞争条件的所谓市场,但是,1990年以来如火如荼的高等教育产业化、市场化又势不可挡,由此造成了转型国家特有的市场和政府双重失灵的治理困境。① 在此困境之下,我国高校治理不由地出现以下一些特征:

（一）治理制度的制定与实施滞后

我国教育法律体系比较单薄,与高校治理有关的仅有1998年颁布的《中华人民共和国高等教育法》,因此单一的法律体系难以为高校治理提供有力的法律规章制度保障。《国家中长期教育改革和发展规划纲要（2010—2020年）》提出"完善中国特色现代大学制度必须加强章程建设",而"大学章程作为大学精神的体现和大学治理的行为规范,是实现教育法制化的基本准则"②,因此各高校都应当结合自身的办学理念和特色专业,以创建世界一流高校为目标,完善大学章程建设,建立起现代大学制度。

然而,当前我国高校治理存在着大学精神的式微情况,一些高校的文化旨趣在高等教育的大众化进程中渐渐改变了。许多高校盲目追求扩大规模,忽视了"以人为本"的教育理念,这不符合社会主义的大学精神,更不符合高校治理现代化的要求。大学章程上承国家法律制度、下启学校内部规章制度,是连接宏观法律制度和微

---

① 王伟、陈于后：《高校章程与高校治理结构的重塑》,载《湖南科技大学学报（社会科学版）》,2012年第2期,第165页。
② 秦德君、陈雪虹、陈蔚：《推进我国高校治理能力现代化的若干思考》,载《东华大学学报（社会科学版）》,2014年第2期,第55页。

观管理制度之纽带,更是学校具体规章制度的"基本法"。①《高等教育法》规定了高校章程应包括学科门类设置、内部管理体制等内容,而"我国目前的大学章程制定面临着诸多大学已建立但无章程的状况"②,学科专业的设置分类不清,内部管理权责义务界限模糊,没有发挥其应有的功能。另一方面,已制定出的章程未能贯彻落实到位,虽"有章可依",但没能做到"有章必依、执章必严、违章必究",而"依章治理"的法治格局正是高校治理能力现代化的前提。

(二) 高校治理体系不平衡

罗马传统的高等教育治理的基本特征是国家控制的一元结构,强调政府参与大学治理的优先权。③然而,"社会主义高等教育体系是罗马传统高等教育体系的极端变种"④。现阶段,我国高校治理体系基本结构是高校依托国家办学,政府处于主导地位,社会位于治理体系的边缘。

首先,高校治理中高校自治能力较低。自1978年改革开放以来,高等教育管理体制的改革也随着市场经济体制改革而逐步深入,政府也开始对高校慢慢放权,改变了以往计划经济体制下高校被国家管得过多、过死的局面,高校的办学自主权也逐渐扩大。1998年颁布的《高等教育法》规定了高校的7项办学自主权,即招生权、

---

① 何慧星、孙松:《论高校治理体系和治理能力现代化》,载《高等农业教育》,2014年第9期,第5页。
② 徐靖、苏宇等:《北京大学教育法研究中心"大学治理与大学章程"学术研讨会会议纪要》,载《通过章程的大学治理》,2011年。
③ 朱家德:《现代大学章程的共同特质》,载《复旦教育论坛》,2013年第5期,第27—32页。
④ 朱家德:《现代大学章程的分类研究——基于章程文本内容分析的实证研究》,载《中国高教研究》,2011年第11期,第49—56页。

教育教学权、自主科研权、机构设置权、人事管理权、学生管理权、经费使用权等。[①] 高校表面上有了上述自主权，但仅握有部分办学自主权，每个高校的招生名额、生源地区等依然由国家分配，院系设置、专业设置、经费使用以及教师聘用、编制名额等依然要上报政府审批，高校不能完全做到自治，办学自主权没有完全落实。中央财政投入与培养单位的学费收入是我国高校的主要资金来源，对于公立高校而言，仅靠学费收入根本不可能正常运行，因此必须依靠国家进行财政补贴，否则肯定入不敷出。独立学院的学费收入偏高，但即使是每年每生近2万元的学费还是无法支撑整个学校的所有开支，都得由国家补贴才能运行良好。可以看出，高校对国家的依附性很强，没有中央和地方政府的财政支持，任何高校都不可能持久办学。高校依托国家办学是我国大学最典型的一个特征。

其次，高校治理中民主管理"有名无实"。自20世纪90年代以来，大学生参与高校治理的情况越来越多，许多高校都为促进学生参与高校治理做出了应有的努力和尝试。如2004年华东师范大学建立了学生参议会制度；华东政法大学、上海交通大学和重庆大学分别在2007年、2009年和2012年建立了学生代表常任制。除了这些为学生争取利益的规章制度，学生社团也在近十年来有明显的发展。2008年11月统计数据显示，上海高校的学生社团总数共有2883个，比2006年统计增长了37%；社团注册成员人数达到了26万多人，占上海高校学生总人数的47%，比2006年社团注册人数增长了54%。[②]

高校学生参与治理表面来看取得了长足性的进展，其思想也貌

[①] 陈立鹏、赵燕燕：《我国大学章程建设的环境阻力分析》，载《高校教育管理》，2014年第1期，第36—91页。

[②] 王瑾：《第三部门视域下的上海高校学生社团发展问题研究》，华东理工大学博士学位论文，2013年。

似被大部分院校领导所接受,但实际上学生参与高校治理的过程却并不顺利甚至受到阻碍。所谓的大学生参与治理只是一种"假参与",或者"象征性参与",无法做到实质性参与。① 例如,选出学生代表参加有关学校事务的会议,但学生代表没有投票权,只是扮演"旁听人员"的角色,无法介入参与到学校的决策中。同时,在中国期刊全文数据库(CNKI)上检索出篇名含有"学生参与高校管理"的文章有183篇,有"学生参与大学治理"的文章只有17篇,有"学生参与高校治理"的文章仅有11篇,可见研究关于大学生参与高校治理的文献稀少,说明了高校学生参与治理还没有得到学界和社会的足够重视,导致相关文献的匮乏,也反映出大学生参与到高校治理中的力量微小。

《高等教育法》第43条规定:"高等学校通过以教师为主体的教职工代表大会等组织形式,依法保障教职工参与民主管理和监督,维护教职工合法权益。"② 实际上,教代会和学代会一样形同虚设,无法对高校的治理事务和重大决策进行强有力的监督,即使有意见反馈也不被重视,在高校真正拥有决策权的还是学校行政部门,行政权力大于一切。

最后,高校治理缺乏社会参与。就我国而言,大学的利益主体包括政府、高校、教师、学生、出资者、社会公众等。③ 社会参与大学治理是高校外部治理最重要的体现,但我国在这方面的成绩相比其他发达国家而言比较薄弱。首先,高校依附于政府、依附于国家,没有为社会参与高校治理提供完善的制度保障;其次,社会参与高

---

① 崔桓:《社会转型期下我国高校学生参与大学治理探析》,载《高等农业教育》,2015年第8期,第71页。
② 参见《中华人民共和国高等教育法》。
③ 霍羽:《我国大学有效治理的现状及反思》,载《教育教学论坛》,2015年第42期,第13页。

校治理的意识薄弱,《高等教育法》没能赋予公众高等院校和高等教育的知情权,大众没有认识到社会对高校的责任与义务;再次,高校没能为社会广泛参与高校治理和监督评价提供有效途径,即使社会想参与,也没有渠道可通。最后,虽然"改革开放以来,我国出现了一批高等教育中介机构"①,但这些机构对高校的评价模式缺乏独立性、权威性和客观性,亟待优化。

(三) 高校内部行政与学术矛盾突出

我国大学的治理结构一直采用的是政府行政的管理模式。② 我国高校实行党委领导下的校长负责制,这要求党委书记统一领导高校工作,校长独立负责地开展工作;党委领导重在决策,校长负责重在组织执行。而校长,作为行政长官,不仅要代表各主管部门行使权力,通常还会担任本校的学术委员会主席,这种状况使得校长不但是行政权力的核心,而且是高校学术权力的核心。

实际上,高校在教师人员引进、职称评定以及二级院系设置等学术方面的决定权仍然掌握在行政领导的手中。有些教师进行学术研究的目的就是为了获得行政权力,"学而优则仕"的现象普遍,在行政权力的环境中不断丧失原有的学术素养与学术地位,这导致了高校行政权力远远大于学术权力,制约高校学术的发展,影响高校学术的进步,也导致高校内部行政权与学术权的对抗和冲突。

我国虽提倡高校"教授治学",但该渠道并不通畅。大多高校都建立了各种学术组织,但这些学术组织的工作都受控于行政权力,不能完全自我运行,无法充分发挥学术权力,学术组织的真正职能

---

① 潘春胜:《协同共赢:现代大学治理的新趋势》,载《教育发展研究》,2014年第21期。

② 牛春明:《浅析我国大学治理结构的改革与创新》,载《北京教育(高教)》,2013年第12期,第11页。

无法实施到位。而且学术组织的负责人多是各院系和行政部门的领导人，存在明显的结构缺陷。这在很大程度上影响了教授参与高校治理的积极性，也致使他们参与决策的途径和方式十分有限。

同时，高效治理中也应当考虑普通教师和学生的利益，在涉及学术事务时，往往缺少教师与学生的民主决策。我国高校行政权力高于一切的做法使得集体决策机制弱化，不利于调动教师进行科研、提高教学质量的积极性，也不利于促进学生学习的积极性。

三、治理理论对治理现代化的意义

在崭新的21世纪，我国社会经济政治文化都处于高速发展中，越来越多的"统治"型管理模式开始向"治理"型管理模式演进。国家治理体系和治理能力的现代化与高校治理现代化都依赖于治理理论，治理理论是从社会的诉求方面来规定国家的职责及义务的，它强调多方利益主体，它改变过去陈旧的管理风格，将高校治理结构和治理体系推向了一个新高度，对高校治理现代化和国家治理现代化都具有重大意义。现代性就是社会生活方式和社会组织方式，高校治理现代化就是对高校原有的组织方式和治理模式进行改造，使之更加符合现代性特征。高校治理是国家治理的重要组成部分，推进国家治理体系和治理模式现代化，高校治理现代化势在必行。

（一）治理理论对高校治理现代化的意义

《国家中长期教育改革和发展规划纲要（2010—2020年）》指出要完善大学治理结构，"大学治理的研究将有助于促进现代大学管理从'管'向'理'的转变"[①]。高校作为一种组织结构，可以说治理

---

① 刘恩允：《治理理论视阈下的我国大学院系治理研究》，苏州大学博士学位论文，2014年。

理论是高校治理研究的直接理论基础,因此治理理论在高校治理现代化的研究中举足轻重。

治理理论为高校治理提供了新的视角,即"治理理论强调的是管理主体的多元及各个主体之间的协作"①,强调分权。随着社会主义市场经济体制的不断完善和市场机制的引入,一些社会力量也参与到了高校治理中来,高校的管理者不再只有政府和大学,社会各界力量自然而然地成为了高校的利益相关者。因此治理理论下的高校需要舍弃传统管理思想中权力至上及权威的观念,调整行政权力与学术权力失衡的现象,积极吸纳社会团体和在校师生加入到高校治理中,做到真正的民主管理。

现代社会中各个方面无不体现着民主,中国共产党将人民民主权利概括为"民主选举、民主决策、民主管理、民主监督",这充分体现了我国特色,也扩展了民主的实践空间。民主管理是我国大学治理结构的基本要求之一,治理理论中的"协商"、"谈判"方式都体现着民主,而且要求参与治理的多元主体具有较高的民主意识,而高校作为知识分子集中地,在民主管理方面更具有先行一步的文化优势。治理理论下的民主管理符合时代特征,符合高校治理现代化的要求,它是实现现代高校有效治理的重要途径,它能够充分推进高校治理体系和治理能力的现代化。

(二) 高校治理现代化对国家治理体系和治理能力现代化的意义

高校治理是国家治理体系的重要组成部分,高校治理现代化将有助于国家实现治理体系和治理能力的现代化。十八届三中全会通过的《中共中央关于全面深化改革若干重大问题的决定》中明确提

---

① 张圣棋:《治理理论视域下我国政府与大学关系研究》,吉林大学博士学位论文,2012年。

出,全面深化改革的总目标是完善和发展中国特色社会主义制度,推进国家治理体系和治理能力现代化①。国家治理体系和治理能力涉及社会事务的方方面面,而教育是社会事务不可或缺的一部分,因此,教育,尤其是高等教育,更应当按照总目标的要求,实现高校治理体系和治理能力的现代化。

《中共中央关于全面深化改革若干重大问题的决定》中对教育的要求主要是以下四个方面:第一,坚持以立德树人为根本任务;第二,采取各种措施实现教育公平和教育均等化;第三,优化教育结构,改革招生考试制度;第四,改革教育管理体制,深入推进管办评分离。其中第四个要求是与治理理论密切相关的,可见治理理论对教育的影响很大,国家教育总目标的实现要依靠治理理论来贯彻执行。教育体系的现代化对于国家治理能力和治理体系的现代化意义重大。实现国家现代化,教育要率先现代化;实现教育现代化,教育治理要率先现代化。②

四、推进我国高校治理现代化的路径

我国大学治理结构的具体要求是,党委领导、校长负责、教授治学、民主管理。③ 要实现高校治理现代化,就应当围绕高校治理这一中心,将治理体系现代化、治理能力现代化和治理制度现代化作为三个基本点,结合我国大学治理结构的具体要求,最终实现高校治理体系、治理能力和治理制度的现代化,从而推动国家治理体系

---

① 《中共中央关于全面深化改革若干重大问题的决定》,载《人民日报》,2013年11月16日。
② 张兴华、王玲:《从"管理"到"治理":深化高教综合改革的重大课题——访中国高等教育学会会长瞿振元教授》,载《山东高等教育》,2014年第5期,第7页。
③ 贺一松、贺三宝:《党建科学化视角下的中国特色大学治理结构》,载《江西农业大学学报(社会科学版)》,2012年第4期,第158—163页。

和治理能力的现代化。治理理论视阈下的高校治理现代化要从高校内外部治理、高校和政府及社会的关系几方面入手,重视多元主体参与治理的必要性。

(一) 推进现代大学制度的建设

《国家中长期教育改革和发展规划纲要(2010—2020年)》提出要完善中国特色现代大学制度。因此各个高校都应当结合自身的办学理念,特色专业,以创建世界一流高校为目标,建立起自己的现代大学制度。

美国的著名经济学家道格拉斯·诺斯说过,"制度是一种社会博弈规则,是人们所创造的用以限制人们相互交往的行为框架。"[1] 制度的健全可以提供激励机制,制度的优化会产生一系列的好效果。现代大学制度的建立有利于高校内部治理结构的优化,内部治理结构的优化有利于健全高校内部管理制度,健全内部管理制度可以更好落实院校二级管理,高校实行二级管理有利于各院自主调动资源,根据各院特色培养学生,从而提升教学质量与学生培养质量。例如华东政法大学已采用二级管理的管理制度,笔者所在的政治学与公共管理学院执行学校教育的整体规划、管理制度、培养方案和具体工作部署并及时反馈执行情况,在此基础上自主开展学生教育的各项工作。主要职责包括:按规定做好各学位点招生、培养和学位工作;组织学生教育日常管理工作,保证其有序进行;为师生提供各种信息服务与其他服务;学校及本学院制定学生培养和管理规定,保证培养质量;负责学生思想政治教育与日常管理工作;结合本学院的特点,推进学生教育的改革与发展。从人员配备上,设有分管研究生工作的副院长和副书记,设立各专业的导师组组长,负责对

---

[1] 卢现祥:《西方新制度经济学》,中国发展出版社2003年版,第34页。

本学位点进行管理。其次，配备专门的行政秘书，负责与学校各部门、各专业老师和学生之间的联络和具体的学生管理工作；第三，为学生配备了经验丰富的辅导员，在德育和生活方面给予研究生周到细致的关怀；最后，各学科组的老师们也积极响应承担了大量的教学辅导工作。

要建立起现代大学制度，制定并贯彻实施大学章程尤其关键。"章程"和"治理"，在法治社会的任何体制节点上，都属于体制和机制问题的两个关键词，章程是治理的依据，治理以章程为导向。[①]因此，好的大学章程可以引导好的高校治理，好的高校治理产生好的绩效。大学章程主要是为了完善高校的内部治理结构，统筹校内的各种关系，包括"党委领导、校长负责、教授治学、民主管理"，它在遵守法律法规和政策性文件的基础上，更应当突出本校的办学特色与办学理念，确定发展目标，制定发展战略，体现出本校要建立健全的现代大学制度的核心问题，从而给予高校自治规范，为高校自治提供保障。教育部要求"一校一章程"，就是为了让各个高校在制定章程时能够凸显本校特色，打破以往千校一面的局面，形成风格各异的现代大学体系。现代大学制度是高校治理现代化的基石，建立健全现代大学制度是大势所趋。

(二) 减少高校对政府的依附

如前所述，我国高校只是名义上自主办学，实际在很大程度上依托国家和政府办学。减少高校对政府的依附不是说对高校完全放权，而是说要厘清政府与高校的关系。理顺政府与高校关系是高校治理模式改革的根本出路，要真正发挥大学自治精神，凝聚实现政

---

① 王伟、陈于后：《高校章程与高校治理结构的重塑》，载《湖南科技大学学报（社会科学版）》，2012年第2期，第163页。

府和高校共同治理的合力。① 按照国情，政府与高校就像一个跷跷板的两端，有一端完全放手是根本不可能的，它们彼此相互联系，相互影响，需要共同发力才能保持平衡。以往由于国家和政府是高等院校的投资者和办学主体，享有最高话语权，因此国家和政府过分干预高校治理，高校治理出现不平衡状况。而政府简政放权是国家治理体系和治理能力现代化的重要体现，国家应当给高校更大的自主权，提升高校自主办学的活力。"从某种角度来说，政府对大学的直接干预越少，越有利于大学的发展"②，因为这样可以为大学提供一个更为自由的学术环境，而高校自治不是说完全不要国家管，而是政府对高校进行有效的管理。

高校作为高校治理体系和治理能力现代化的基本立足点，要充分发挥其在整个过程中的主体作用，培育和提高高校的自主办学能力是建设中国特色高等教育治理体系的一个重点。③ 按照《高等教育法》的规定，高等学校可根据社会需求、办学条件、办学规模等制定招生方案，自主调节系科招生比例；可依法自主设置和调整学科、专业；可自主制订教学计划、选编教材、组织实施教学活动；可自主开展科学研究、技术开发和社会服务；可自主开展与境外高等学校之间的科学技术文化交流与合作；可自主确定教学、科学研究、行政职能部门等内部组织机构的设置和人员配备以及评聘教师和其他专业技术人员的职务，调整津贴及工资分配等。因此，政府就应当在以上方面充分放权给高校，让高校自主划定招生名额和生

---

① 余华：《高校治理体系完善与治理能力提升探析》，载《湖南师范大学教育科学学报》，2015年第3期，第61页。
② 牛春明：《浅析我国大学治理结构的改革与创新》，载《北京教育（高教）》，2013年第12期，第11页。
③ 瞿振元：《建设中国特色高等教育治理体系 推进治理能力现代化》，载《中国高教研究》，2014年第1期，第3页。

源地区，自主设置具备发展前景的新兴专业，自主进行日常教学活动和科学研究工作，自主调整师生比例、按需分配资金、按需设置二级研究所等。政府在放权基础上，也要对高校进行监管，中国特色社会主义也不允许其放任自由。

（三）贯彻落实民主管理

治理理论对高校进行了重新定位，将高校界定为独立于政府部门和企业的、服务于社会文化生活的第三部门组织，是以非营利为目的的社会组织。① 既然是社会组织，就应当积极吸纳社会力量参与治理高校。社会力量加入高校治理是高校落实民主管理的重要体现，建立社会力量参与高校治理的外部监督机制，保障政府公共政策和社会扶助高校发展取得实际效果，消除高校治理过程存在的不合理行为。② 其中，管办评分离是关键举措之一。《国家中长期教育改革和发展规划纲要（2010—2020年）》中也有提到教育的管办评分离，但当时还只是用"促进"，而到了十八届三中全会，则变成了"深入推进"。这说明国家对教育治理的认识更进一步，并提出了更高的要求。因此，"深入推进管办评分离是建设高等教育治理体系和实现治理能力现代化的切入点和突破口。"③ 管办评分离的主体就是教育行政部门、学校和评价机构，其中，教育行政部门是监管主体，学校为教师和学生提供课程开展和学习的场所，评价机构为教学质量提供专业的评估服务。因此，所谓管办评分离其实就是为了保障这

---

① 焦振振：《治理理论视角下政府对高等院校管理的探讨》，东北大学硕士学位论文，2011年。
② 张蔚：《高等教育市场化：内涵、原因与限度》，载《当代教育论坛》，2014年第6期，第16—22页。
③ 张兴华、王玲：《从"管理"到"治理"：深化高教综合改革的重大课题——访中国高等教育学会会长瞿振元教授》，载《山东高等教育》2014年第5期，第5—11页。

三大主体的权益，让他们明白各自承担的责任和应尽的义务。管办评分离要求高校根据《高等教育法》赋予的办学权力和办学义务，在法律监管范围内，合法从事一切和教育相关的活动。促进高校管办评分离是积极吸纳社会力量参与到高校治理中的表现，将监督工作交给教育行政机构，将评估工作交给社会评估机构，既保障了高校自主办学，使高校具有更多话语权，又体现了民主管理，确保高校治理在民主法治的轨道上运行。

实现高校民主管理，除了外部吸纳社会力量外，内部的师生联合管理也不容忽视。教师和学生也是高校利益相关者，他们既有权利又有义务对高校内部治理贡献力量，"依法治校"最主要的就是明确各主体权利义务，以往总是强调教师学生的权利和权力，较为忽略他们的义务，这并没有真正做到依法治校。教职工代表大会、学生代表大会应发挥各自职能，高校除了给予他们参与重要会议的权力外，更应当积极听取其意见，赋予投票权、提出建议权。陶行知先生对高校学生参与大学治理的范围提出了四个标准：一是"以学生应该负责的事体为限，学生愿意负责，又能够负责的事体，均可列入自治范围，不应该由学生负责的事体，就不应该列入自治范围"；二是"事体之愈要观察周到的，愈宜由学生共同负责，愈宜学生共同自治"；三是"事体参与的人愈普及的，愈宜学生共同负责，愈宜学生共同自治"；四是"依据上列三种标准而定学生参与范围时，还需参考学生的年龄经验"。[①] 因此，学生参与高校治理最主要就是学生事务的自主管理，学生有义务推动高校治理现代化，能让学生自治的就不要让学校掌权，学校做好监管工作足矣。对于普通教职工而言同理。

---

① 林炊利：《学生参与大学决策的路径选择》，载《江苏高教》，2012 年第 1 期，第 58 页。

(四) 高校内部去行政化

我国大学治理结构的"党委领导、校长负责、教授治学、民主管理"要求其实就是去行政化的要求。"党委领导"要求高校党委要统领全局,从宏观上规划学校发展,党委应作为高校的最高权力机构,时刻监督并作出决策。"校长负责"要求高校校长作为行政首脑,充分发挥其行政职能,协调好行政权力与学术权力,切实做好保障各学科发展的后勤工作。"教授治学"是去行政化最重要的一点,关于学校的一切学术问题,都应当由高校的教授团体做判断、提建议并做决策。

学术自由是学术繁荣与进步发展的首要条件。对待学术问题,不可简单化一采取自上而下的行政方式,应当汲取聆听专家学者的建议和意见,采用民主协商的方式,依据科学基础做判断。贯彻落实"教授治学",让教授对专业教学、学科发展方向、建立新学科等学术问题做决策,不应让行政干预。对于学术委员会,其组成要避免都是行政人员的局面,学术委员会的会长更应当是教授而不是行政领导,在保证教授占多数的情况下适当吸收学生代表和行政人员代表。学术委员会作为高校的最高学术权力组织,代表着至高无上的学术权力地位,除了发挥其咨询作用外,更应当履行学术决策的义务。同时,高校行政机构的人员应当包括一线教学和科研的教师代表,并由教职工代表大会选举产生,还应接受教代会的监督并定期向教代会汇报工作。

五、结 语

党的十八届三中全会提出全面深化改革的总目标是完善和发展中国特色社会主义制度,推进国家治理体系和治理能力现代化。而深化教育领域综合改革,实现教育治理体系和治理能力的现代化是一项基础性而又紧迫的任务。高等教育作为我国教育体系的最高阶段，近年来的发展状况仍然不容乐观，行政管理严格、社会参与不足、学校创新力疲乏、人才培养机制不完善。总体而言，一味地停留套用传统的管理理念发展我国高等教育事业已经无法满足实现教育现代化的要求。

  长期以来，我国高校重"管理"，轻"治理"，政府在其中承担着主导性的作用。政府既是办学、决策、管理环节的主体，同时也是评价、监督的主体，这导致的后果就是教育体制陷入僵化，高校的教育和发展缺乏活力与创新。然而，《中共中央关于全面深化改革若干重大问题的决定》中突出"治理"，这与当前我国教育体制改革完全契合。治理理论视域下的高效治理就是平衡高校内部与外部、高校与政府、高校与社会等之间的关系，构建政府宏观管理、学校自主办学、社会广泛参与这样一个高效、规范的运行体系。除此之外，高校治理中还应进一步完善管办评分离的原则，强调评估主体的多元性。进一步发挥社会评估的作用，引进社会力量参与评估，拓宽专业性、中立性的教育评估机构对高校的评估审核，保证评估的客观性、中立性和公平性。

图书在版编目（CIP）数据

国家治理现代化：理念、制度与实践 / 陈明明，任勇
主编． — 北京：中央编译出版社，2016.6

ISBN 978-7-5117-3023-7

Ⅰ.①国… Ⅱ.①陈… ②任… Ⅲ.①国家-行政管理-
现代化管理-研究-中国 Ⅳ.①D630.1

中国版本图书馆 CIP 数据核字（2016）第 121553 号

国家治理现代化：理念、制度与实践

出 版 人：	葛海彦
责任编辑：	盛菊艳
责任印制：	尹　珺
出版发行：	中央编译出版社
地　　址：	北京西城区车公庄大街乙 5 号鸿儒大厦 B 座（100044）
电　　话：	（010）52612345（总编室）　　（010）52612335（编辑室）
	（010）52612316（发行部）　　（010）52612317（网络销售）
	（010）52612346（馆配部）　　（010）55626985（读者服务部）
传　　真：	（010）66515838
经　　销：	全国新华书店
印　　刷：	北京紫瑞利印刷有限公司
开　　本：	787 毫米×1092 毫米　1/16
字　　数：	201 千字
印　　张：	15.75
版　　次：	2016 年 6 月第 1 版第 1 次印刷
定　　价：	49.00 元
网　　址：	www.cctphome.com　　邮　箱：cctp@cctphome.com
新浪微博：	@中央编译出版社　　微　信：中央编译出版社（ID：cctphome）
淘宝店铺：	中央编译出版社直销店（http：//shop108367160.taobao.com）　　（010）52612349

本社常年法律顾问：北京嘉润律师事务所律师　李敬伟　问小牛
凡有印装质量问题，本社负责调换。电话：（010）55626985